父母的语言决定孩子的未来

连山 著

天津出版传媒集团
天津科学技术出版社

图书在版编目（CIP）数据

父母的语言决定孩子的未来 / 连山著 . -- 天津：天津科学技术出版社，2022.12（2023.10 重印）

ISBN 978-7-5742-0677-9

Ⅰ.①父… Ⅱ.①连… Ⅲ.①家庭教育 Ⅳ.① G78

中国版本图书馆 CIP 数据核字（2022）第 214792 号

父母的语言决定孩子的未来
FUMU DE YUYAN JUEDING HAIZI DE WEILAI

策 划 人：杨　譞
责任编辑：宋佳霖
责任印制：兰　毅

出　　版：	天津出版传媒集团
	天津科学技术出版社

地　　址：天津市西康路 35 号
邮　　编：300051
电　　话：（022）23332490
网　　址：www.tjkjcbs.com.cn
发　　行：新华书店经销
印　　刷：河北松源印刷有限公司

开本 880×1 230　1/32　印张 6　字数 150 000
2023 年 10 月第 1 版第 2 次印刷
定价：38.00 元

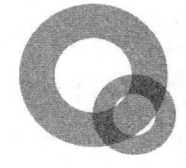# 前言
PREFACE

父母的语言,是孩子成长的第一教育资源,是孩子一生的宝贵财富,也是真正决定孩子未来输赢的"起跑线"。当父母把孩子早期教育寄希望于各种机构时,他们很容易忽略了自身的作用。研究表明,父母的语言对孩子的智力发展、大脑发育、学习能力、情绪管理能力,乃至性格塑造,都有着巨大的影响!

请看下面的事例:

一天放学后,小悦因为沉迷于喜欢的电视剧而忘记了写作业,妈妈看到这一情景,就严厉地对女儿说:"还不去写作业,整天就知道看电视,这么大的人了,一点都不懂事,这样下去,你以后就没有前途了!"

小悦对妈妈这种命令式的语气很不满意,而且早已厌烦了妈妈的数落和唠叨,就说:"您整天就知道这样教

训人,我听着都烦,我现在就是不想做作业!"

见女儿不服管教,妈妈恼火了:"我说话你就是不听是吧?你不想学习以后就别上学了!真是的,我以前像你这么大的时候,已经算得上家中半根顶梁柱了!今天我不好好管管你,你就不知道谁是家长了!"说完,妈妈打了小悦一巴掌。小悦气愤地跑出了家门。

另一个家庭里,同样是女儿没有做完作业就在看电视,爸爸想要提醒她先写作业,于是温和地对她说:"宝贝,这个电视很好看吧?你放学这么久了一直盯着看呢?"

"是的,爸爸,这电视很好看。"女儿答道。

"电视是好看,爸爸也很喜欢看呢!可总是这样长时间地看电视,视力会下降的,到时就得跟爸爸一样戴眼镜了,没有眼镜还总是看不清东西,感觉真不方便。何况,你今天的作业还没完成呢,待会时间晚了,作业做不完,明天该挨老师批评了,这周的'全优'也可能拿不到了,爸爸知道你是好孩子,老师也总夸你在学校表现好,潜力大,要是不好好学习,不仅大家会有些失望,你的潜力也会被埋没了。"

女儿知道爸爸在催促自己写作业,也觉得爸爸说得十分在理,于是说:"爸爸,我知道,我再看十分钟就去写作业!"时间一到,女儿马上乖乖地写作业去了。

同样是要求女儿放学后要先写作业,可由于两位家长采用了不同的语言,结果大相径庭。由此可见,在家庭教育中,父母学会使用正确的语言的确是非常重要的。

父母的语言是孩子一生的财富，它对孩子的意义可能比任何昂贵的早教班都更加深远。父母有时候的一句话可能会成就一个孩子，也可能会毁掉一个孩子。本书紧密结合父母在教育子女过程中经常遇到的问题和困惑，向父母揭示了早期语言环境在儿童人生发展中的重要性，及其对儿童身心发育和学业成功的长远影响，教会父母用语言塑造孩子更强大的大脑，更卓越的心态、品质和性格。

书中既有贴合实际的亲子对话情景再现，又有鞭辟入里的说理分析，以及不少实用性和操作性较强的意见和建议，还有生动活泼的语言演练示范，以帮助父母掌握语言的技巧，加深亲子关系，为孩子美好的未来创造良好的语言环境。

目录

CONTENTS

第一章
父母的觉醒：
无意识的错误语言正在毁掉孩子的一生

"你不配当我女儿"
——过分苛责会伤害孩子 / 002

"你再不遵守纪律我就惩罚你"
——事后惩罚不如事先制定纪律 / 005

"别人比你强多了"
——孩子最讨厌攀比性语言 / 008

"小祖宗，你说了算"
——一味地纵容和迁就，对孩子成长无益 / 012

"算了吧，你不是那块料"
——别给孩子泼冷水 / 014

"父母骂你是为了你好"
——"打是亲，骂是爱"是最大的谎言 / 017

"你这样做绝对不可以"
——对于孩子的"青春期叛逆"不可硬碰 / 021

"他数学经常不及格"
——别揭孩子的伤疤 / 024

"再不努力,就去捡垃圾"
——经常吓唬孩子,会让孩子神经衰弱 / 027

第二章
语言的力量:
家庭环境和语言习惯决定孩子的性格

"你好、谢谢、对不起"
——文明用语父母先行 / 032

"每个人都会犯错"
——引导孩子学会理解和宽容 / 035

"每天都要笑一笑"
——"营养"出孩子的阳光心态 / 039

"很高兴你有自己的梦想"
——鼓励并支持孩子的理想 / 042

"你要学会勇敢地站起来"
——让孩子自己面对风雨 / 045

"学会自制是对自己负责的表现"
——努力培养孩子的自制力 / 048

"懂得分享的人生最快乐"
——激励孩子学会分享 / 052

"为人要常怀感激之心"
——和孩子一起学习感恩 / 055

"你很聪明，可以自己先想想"
——鼓励孩子学会思考 / 059

"瞧，我家孩子多棒啊"
——赞扬要大声 / 062

"太好了，再来一遍"
——表扬也要趁热打铁 / 065

第三章
唤醒潜能：
父母的每一句话，会渐渐变成孩子未来的模样

"已经做得很好了"
——多一些鼓励，少一些指责 / 070

"说说你的意见"
——鼓励孩子说出内心的想法 / 073

"相信你一定能行"
——积极的暗示帮助孩子成长 / 076

"你也很优秀"
——发挥鼓励的神奇作用 / 079

"你将来会有出息的"
——以鼓励激发孩子的潜能 /082

"你还可以表现得更好"
——引导孩子进步 /086

"你一定要学好"
——引导孩子成才需要父母做好榜样 /089

"咱们玩角色互换吧"
——有效引导跟大人"对着干"的孩子 /093

第四章
共情关注：
用体贴的语言驱除孩子的心灵阴影

当孩子撒谎时
——及时教育并晓之以理 /098

当孩子与别人攀比时
——疏导孩子的虚荣心 /101

当孩子嫉妒心强时
——帮助孩子远离"醋意"，排除嫉妒心 /105

当孩子责任感缺失时
——要言教，更要身教 /109

当孩子对老师有误会时
——巧妙引导，帮助消除 /112

当孩子厌学时

——开展心灵对话，唤起学习兴趣 / 116

第五章
非暴力沟通：
创建父母与孩子之间的亲密关系

"我们可以像朋友那样谈谈吗"

——用语言架起平等的桥梁 / 122

"我很理解你现在的心情"

——要善于抓住孩子的"心" / 125

"有什么困难，可以跟我说说"

——及时了解孩子的问题 / 129

"多放松，心就不会累了"

——帮助孩子化解疲劳感 / 132

"别难过，有我在你身边"

——用安慰语给孩子以温暖 / 135

"你看能不能这样"

——尽量多与孩子商量 / 138

"父母也是怕你受到伤害"

——付出关爱，更要动之以情 / 142

"你的偶像我也很喜欢"

——投其所好，赢得孩子的心 / 145

"我们都很喜欢打球"
　　——努力寻找共同话题 / 148

第六章
远离伤害：
永远不要对孩子说的 8 句话

"随便你了"
　　——切忌对孩子不闻不问，放任自流 / 152

"你必须马上去做"
　　——命令只会让孩子反感 / 155

"我是家长，我说了算"
　　——以权压人不可取 / 158

"你要好好读书"
　　——空洞说教易让孩子反感 / 161

"有本事每次都拿第一"
　　——请调准你的"期望值"/ 164

"我说不过你"
　　——能说会道，更要以理服人 / 167

"就没发现你有优点"
　　——说话片面的父母应该多反省 / 170

"为了你，我牺牲了多少"
　　——别总把对孩子的付出放嘴上 / 173

第一章

父母的觉醒：
无意识的错误语言正在毁掉孩子的一生

"你不配当我女儿"
——过分苛责会伤害孩子

欣欣从小学二年级就开始练钢琴,已经十多年了。一方面出于自己的爱好,另一方面一直寄希望于文艺特长能对高考录取有利。

一次,欣欣正在练琴,妈妈在旁边监督,发现她的手形不对,就用一根小棍挑起她的手腕,大声训斥道:"跟你说过多少次了,手形不对,你怎么总是出错啊?"

欣欣马上改了过来,但是不一会儿,手形又不对了,妈妈又大声训斥她:"已经跟你说过了,要保持正确的手形,怎么就是不听啊,你有没有脑子?真不配做我女儿!"

欣欣听了很不高兴,也有些着急,于是她对着妈妈喊道:"我不练了,我就是练不好!我真不配做你女儿!"说完就跑了出去。

其实刚开始练琴时,欣欣极性很高,每天都主动要求练琴,并且很努力。但在妈妈一声高过一声的训斥中,弹琴变成了欣欣最讨厌的事情。后来,她对钢琴完全失去了兴趣。

>>> 有话要说

在现实生活中,有很多父母和欣欣的妈妈一样,她们经常会在孩子学习一项新事物时，密切注视孩子的一举一动，一旦发现有错，立即加以纠正，训斥和指责孩子，有时甚至达到了苛责的程度。如果父母对孩子过于挑剔，总是批评和斥责孩子的错误，无形间将强化孩子的错误行为，甚至让孩子产生严重的自卑心理。

有教育专家曾指出，责备孩子的声音越小，孩子听得就越认真，教育的效果也就会越好。美国教育专家的一项研究结果也显示，与肉体处罚比较起来，父母对孩子动不动就破口大骂，更有可能在以后的岁月给他们造成心理伤害。孩子容易犯错，并经常犯同样的错误，父母的批评教育是必要的，但也应该讲究方式方法，千万不要对孩子过于苛责，更不能对孩子说一些尖酸刻薄的话，因为苛责孩子只会伤害孩子的心灵，加重其心理压力，甚至还会影响到孩子的正常发育和成长。

父母苛责孩子是不能教育好孩子的，还会折磨和伤害孩子，父母在家庭教育中一定要避免这种行为的出现，尽量少对孩子说一些过分的话和苛责的话。具体来说，父母可以从这些方面加以努力：

1.指责要适时和适度。

孩子有了缺点错误应及时给予责备，趁热打铁，不可拖拉。在责备孩子时，态度要严肃，语气要平和；摆眼前的事实，讲错在何处，不要翻老账，拉三扯四地就会喧宾夺主。孩子听了烦，当作耳边风，会事与愿违，达不到目的。

2. 要控制好自己的情绪，语气尽量温和。

一些父母在得知孩子犯错时常常会情绪激动，不分青红皂白就责骂和数落起孩子来，结果孩子往往因惧怕而一句也没听清楚，根本起不到教育的效果。如果父母能控制好自己的情绪，语气尽量温和一些，孩子或许才能更好地明白父母的意思和自己的错误所在，从而改正。

3. 少责骂孩子，耐心地指出孩子错误，让孩子明白父母的爱。

如果父母总是苛责孩子，不断地指责孩子的错误，反而可能强调了孩子的过失行为，孩子的注意力就会集中在与你的责备相对抗上，根本不会反思自己的行为，也就达不到教育的目的。而如果父母能将责骂替换为指出错误、表达关爱的方式，孩子或许就更能理解和接受了。

总之，想教育好孩子，父母一定要注意自己的态度，千万不能过分苛责。

>>> 语言演练场

小乾的爸爸是单位的领导，做事雷厉风行，有胆识、有魄力，平时很受人尊重。可是小乾却个性胆小懦弱，做事没有主见，在公众场合表现得羞怯焦虑，他爸爸对此有些恼火。

有一次，小乾的爸爸带着儿子去参加单位举办的一个聚会，聚会上抽奖和互动环节，结果抽到了小乾名字，要求小乾表演一个节目，之后就能领取一份奖品。

爸爸对小乾说："真幸运，儿子，抽到你了，去表演一个节目吧!"

可小乾的脸马上就红了,他向爸爸求救道:"爸爸,我胆小,害怕在别人面前表现,你帮帮我吧。"

面对这种场景,你可能会这么对孩子说:

✗ "你怎么这么没出息,谁像你这么没用啊,真不配做我的儿子!"

会"说话"的父母这样说:

✓ "没事,儿子别紧张,爸爸知道你的歌唱得不错,只要你尽力好好表现就行了,爸爸保证,绝对没有人会笑话你的!"

"你再不遵守纪律我就惩罚你"
——事后惩罚不如事先制定纪律

贾宏是一个有些顽皮的小学生,不怎么服从管教,时常违反学校纪律,他的妈妈也因此经常被请去学校谈话。有一次,贾宏又因为在学校和同学打架而被班主任留了下来,还被要求请父母去学校。贾宏妈妈在和班主任谈完之后很不高兴,回来就冲着贾宏发火了,此时贾宏的几个同学也在他家一起玩。

"你这个顽皮的孩子,每天在学校调皮捣蛋,害得我也经常被请去学校挨训,一点都没有面子!"妈妈吼道。

"我,我……知道错了,你不要打我。"贾宏怯怯地说。

"知道错了？这话不知道说了多少遍了，可每次还不是老样子，一点长进都没有，看我这次怎么罚你！我一定要让你好好记住教训！"妈妈不顾贾宏的同学也在场，拿起鸡毛掸子对着贾宏就是一顿暴打，之后她还命令贾宏在墙角站三小时。当着这么多同学的面，贾宏觉得妈妈实在是太过分了，一点都不讲情面，所以心中不免对妈妈生出了一些怨恨。

>>> 有话要说

有些父母认为，孩子是不打不成才的，要想教育好孩子，不仅需要在孩子犯错的时候责骂和批评孩子，有时候还需要借助惩罚的手段，以让孩子更好地记住教训，努力改正。其实，在孩子成长的过程中，的确需要父母的教育和帮助，可行之有效的教育是建立在良好的方法之上的，盲目地责骂和惩罚孩子并不能改变孩子犯错的事实，也不能帮助孩子改正和提高。

在教育孩子的过程中，父母应该谨记这样一条准则，那就是不能伤害孩子。想要不伤害孩子，同时又能帮助孩子成才，父母就需要动用智慧了。有这样一个故事：

布莱克夫人要去给那些犯过过失的男生上第一次课，她很担心。当她轻快地走上讲台时，她绊了一下，摔倒了，课堂里爆发出哄堂大笑。布莱克夫人没有惩罚那些嘲笑她的学生，而是慢慢站起来，直起身子，说："这是我给你们的第一个教训：一个人会摔倒趴下，但是依然可以再站起来。"教室里寂静无声，孩子们接受了这个教训。

其实父母在教育孩子的时候也可以运用类似的方法，使用智慧的力量，而不是用威胁和惩罚来影响、改变孩子的行为，其中制定纪律，以纪律和规范约束孩子的行为就不失为一种好方法。

当父母惩罚孩子的时候，孩子会怨恨父母，当他内心充满愤怒和怨恨时，根本不可能听得进父母的话，也不可能集中注意力，这样只会疏远父母和孩子之间的距离，恶化亲子关系。因此，父母在教育孩子的时候应该尽量避免过激的惩罚的方式，尤其是体罚。

事实上，与其在孩子犯错后惩罚孩子，还不如提前与孩子约定好纪律，通过纪律使孩子自愿接受限制和改变某种行为，向着良好的方向努力。而在制定纪律帮助孩子成长的过程中，父母应该注意：纪律就像外科手术，需要精确定位，不能随意下刀，父母应该根据孩子各方面的特点来制定适宜而具有约束力、针对性的纪律；制定纪律的目的是帮助孩子改变一些不好的行为，父母可以在一旁监督和帮助孩子，但其效力的实现最终还是需要孩子自觉自律，所以在这个过程中，父母应该多与孩子沟通和商量，多多引导和帮助孩子。

>>> **语言演练场**

魏丽的父母对她的期望很高，对她的要求也非常严格，每当魏丽考得不好的时候爸爸都会责骂她，有时还会打她，久而久之，魏丽就有了一些心理负担，害怕起学习和考试来。

有一次期中考试，她为了能考出好成绩，不挨爸爸的打，所以就想出了考试作弊的主意,谁知在考试作弊的时候却被老师发现了。老师严厉地批评了她,并将这件事情告诉了魏丽的妈妈。

"孩子,为人要诚实不是父母一直教育你的吗。你怎么能考试作弊呢?"妈妈问。

"其实我也不想的,可是,每次考不好爸爸都会惩罚我,我很害怕!"魏丽怯怯地说。

面对这种场景,你可能会这么对孩子说:

✘ "你平时不努力,考试也考不好,爸爸当然要打你!你怎么还敢作弊,你爸知道了,肯定会更严厉地惩罚你的!"

会"说话"的父母这样说:

✔ "孩子,你觉得爸爸的教育方式很不好是吗?那你可以跟爸爸谈谈。可是,你平时不努力和考试作弊的行为也是非常不好的,是不是也应该改改呢?这样吧,咱们定一个约定,如果你平时努力一些,考试遵守纪律,妈妈保证爸爸不会像以前那样惩罚你了!"

"别人比你强多了"
——孩子最讨厌攀比性语言

晓佳的妈妈和泉泉的妈妈是朋友,两家人又是邻居,所以,两个孩子从小就在一起玩,一起上学读书,关系特别好。晓佳在班里的表现很好，成绩也很好，而泉泉则相反。两个妈妈在一起聊天的时候，经常会说起自己孩子的表现，并时不时进行比较。

在一次语文考试之后，看到泉泉的成绩比较差，而晓佳的成绩又名列前茅，泉泉妈不禁责备泉泉说："天天和人家晓佳一起，怎么就一点都不向人家学习学习呢？和班里成绩好的同学在一起，你不会觉得不好意思吗？"

"我没觉得啊，我们还是好朋友！"

"再不好好努力，你们的差距会越来越大的，到时候晓佳考上了重点大学，有了好的前途，而你不好好学只能去打工，别人还会跟你做朋友吗？一点长进都没有！"

"妈，您怎么能这么说呢？"泉泉有些恼火，心中也十分不服气。在之后的日子里，她和晓佳在一起的时候就经常会想起妈妈说的这些话，越来越觉得自卑，也有些难堪，所以不仅对妈妈有些怨恨，也渐渐疏远了晓佳。

>>> **有话要说**

很多父母都像泉泉的妈妈一样，喜欢将自己的孩子与其他的孩子进行比较，尤其是喜欢拿孩子的弱处去比别人的强处，这种教育方式其实是很有问题的。

我国一项针对青少年的调查显示，父母经常将孩子作为比较的对象，并喜欢说一些攀比性的语言是大多数青少年十分厌恶的行为。几乎没有一个孩子愿意承认自己比别人差，他们希望能得到成人的肯定，他们对自己的认识也往往来自成人的评价，如果孩子能经常得到父母的积极评价，他们的自信心就会增强，办事充满热情，而如果父母总是拿孩子的短处与别人的长处比较，经常对孩子进行批判和消极评价的话，孩子则可能丧失自信心，产生挫败感以及对父母表现出厌恶的情绪。

父母将孩子与别的孩子做比较，本意是想给孩子树立个榜样，但实际上，父母的这一行为不但不能让孩子明白自己比别人差在哪里，还有可能影响孩子的心理健康，这主要表现在：

一是会使孩子感受到压力，也会使孩子产生挫败感，时间久了，孩子就会觉得心情压抑、郁闷，丧失自身的能动性。

二是如果父母经常拿自己的孩子与别人进行攀比，常常会影响孩子的个性发展。实际上，每个人都是独立的个体，和其他的人没有什么太多的可比性，而且，不同的家庭教养方式一定会培养出不同的孩子，父母的盲目攀比只会对孩子的成长造成消极的效果，阻碍孩子成才。

每个孩子都是自然界伟大的奇迹，也是一个独立的个体，他们有权利保持自己的本色、规划和设计自己的人生，无论孩子当前的情况如何，父母都应该学会欣赏自己的孩子，鼓励他们在生命的交响乐中演奏属于自己的乐章，这既是最大化孩子潜能的重要通道，也是最大化孩子自信的源泉，更是实现人生价值的必由之路。

>>> **语言演练场**

小琴的妈妈是职场女强人,平时很争强好胜,她希望自己的女儿也能像自己一样,在各方面表现优秀,所以经常会拿女儿跟一些优秀的同龄人比较。

有一次,女儿在期中考试中考了第二名,排在她前面的是班里的学习委员。女儿很高兴地将成绩告诉了妈妈,谁知妈妈却说:"考第二名就这么高兴了,怎么这样没进取心啊?你完全可以考第一的!"

"嗯,是的。"

"第一名又是你们班学习委员天天吧,你看看人家,家境没有咱家好,很多条件也不如你,可人家能考第一,你怎么就不能呢?"

"因为人家很努力吧!"

面对这种场景,你可能会这么对孩子说:

✗ "你还好意思说?人家努力,你就不知道努力吗?你可以花比她更多的时间在学习上,比她更努力啊,咱家条件比她家好多了,你也一定要比她强!"

会"说话"的父母这样说:

✓ "是的,这就是天天成功的原因,你也应该好好学学!咱们虽然不能总是盯着成绩看,但有些竞争意识也还是好的。"

"小祖宗,你说了算"
——一味地纵容和迁就,对孩子成长无益

青青是家里的独生子,从一出生就受到了父母、爷爷奶奶、姥姥姥爷的宠爱和照顾,他也因此而变得任性、自私,经常为所欲为,一旦家人做了什么不合他心意的事情,他就会大发脾气。

有一个周末,青青想去必胜客吃比萨,于是就缠着妈妈,一定要妈妈带他去,可妈妈正在忙着,就说:"宝贝,妈妈现在正忙着呢,再过半小时吧,等我忙完了这些就带你去!"

"不,我饿了,我就要去!"青青蛮横地说。

"饿了呀,先吃个小面包吧,妈妈很快就完成了,你稍等一下,妈妈求你了,先安静一会儿。"

听妈妈这样说,青青仍旧不依不饶:"不行,我一定要现在去!你以前都听我的,我想怎么样就怎么样,这次也要!你不带我去我就告诉姥姥!"

妈妈无奈,只得放下手中的活儿,说:"好,小祖宗,听你的,你说了算,咱们马上就去。"说完,就带着青青出发了,青青马上转怒为喜。

>>> **有话要说**

生活中,有些家长十分溺爱孩子,当孩子有什么要求时总会满足,唯恐孩子受到了委屈,为了讨得孩子的欢心,他们毫无原则地答应孩子的任何请求,即使是一些无理要求,他们也常

常因为不忍心看孩子生气而妥协,这样的教育方式其实是很不恰当的。

现今的孩子很多都是独生子女,从小成长于优裕的家庭环境中,受到了前所未有的宠爱和照顾,也滋长了任性的毛病,常常会以任性、耍赖、发脾气等方式来要挟父母,使父母完全按照自己的意愿行事。此时父母要做的,并不是一味地顺从孩子、纵容孩子,而应该坚持原则,进行教育和帮助。每一个父母都应该明白,父母并不可能一辈子照顾孩子,也不可能拥有任何时候都满足孩子的能力和条件,如果总在一些小事上顺从和纵容孩子,就可能助长孩子的贪欲,这样不但丧失了父母对孩子应负的教育责任,也会给孩子以后的生活埋下隐患,害苦孩子。具体说来,在生活实践中,父母可以在如下的方面多注意:

首先,父母应该学会对孩子说"不",坚决制止孩子的不合理要求。当孩子提出一些无理要求或是无理取闹的时候,父母应该坚持原则,拒绝和制止孩子,让孩子在拒绝中反省和思考,如果孩子并不善罢甘休,而是以哭闹、耍赖等方式来表示抗议时,父母还可以先对其置之不理,等其情绪平缓后再进行教育。

其次,父母要坚持说理,坚持以理服人。父母在教育孩子时也要讲求原则,以理服人,既要告诉孩子"不能这样做""应该那样做",也要耐心地给孩子讲解原因,让孩子真正信服和遵守。

孩子的心灵本身就是一张白纸,他们的思想、行为等都与后天的环境、教养方式等有关,作为孩子的第一任老师,父母只有先坚持正确的教育准则并且努力实施，孩子成才才有保证。

>>> **语言演练场**

由于从小就娇生惯养，盼盼身上有不少的缺点和坏习惯，如凡事喜欢以自我为中心，不懂得体谅和关心别人，不懂得如何跟团队合作等。有一个周末，盼盼上午上完课，看到爸爸出差回来了，就一定要缠着爸爸带她去海底世界玩。

"宝贝，爸爸才下车，有点累了，这样吧，咱们明天去好吗？"爸爸说。

"小月的爸爸妈妈今天就带她去了，我也想去。你明天再休息吧！"

面对这种场景，你可能会这么对孩子说：

✗ "好的，我答应你，待会就去！"

会"说话"的父母这样说：

✓ "好孩子，爸爸出差有些累了，你已经长大了，应该体谅一下父母，你明天不也放假么。明天去也一样。"

"算了吧，你不是那块料"
——别给孩子泼冷水

夏琼是一个胖胖的小女孩，虽然在外形上有些笨拙，可是她平时却喜欢唱歌跳舞，在闲暇的时候总喜欢哼哼歌，练练舞。有一次，小琼独自在家里写作业，一边写还一边小声地唱着歌，唱着唱着还会起来手舞足蹈一番。此时妈妈回来了，看到这情景，妈妈一阵劈头盖脸地数落："做作业你怎么还有心思唱歌跳舞，这么不专心能写好作业吗？"

"嗯，我……"夏琼显然被妈妈的大声训斥吓到了。

"你长得那么胖，声音那么沙哑，唱得跟敲破竹棒似的，怎么还好意思唱歌跳舞啊？还是快点闭嘴，好好写作业吧！"妈妈紧接着又是一阵数落。

"妈妈，你……"原本高高兴兴的小琼尴尬得无地自容。一会儿之后，她愤怒地转身离开，走出了家门。

>>> **有话要说**

很多父母都觉得孩子还很不成熟，不能太宠着惯着，而应该多经受一些磨炼和打击。否则，孩子就很容易骄傲自满，经受不起挫折。有的父母则习惯于以大人的标准要求孩子，当孩子表现得不尽如人意的时候，父母为了激励孩子的进取心，让孩子保持头脑冷静，就喜欢给孩子"泼冷水"，说一些打击孩子的话。上述例子中的夏琼妈妈就是如此，她因为不满女儿的表现，对着女儿就是一阵数落，但是却没有意识到，她这一吼，像一盆凉水，浇在了夏琼稚嫩的心灵上。

生活中，孩子似乎对周围的很多事物都充满着好奇心，而且，他们的情绪波动也很明显，常常会出现因好奇而想要去模仿的现象和情绪亢奋、激动等情况，这本身无可厚非，可有些父母却不能正确看待和理解这些行为，认为孩子在过度兴奋的时候很容易盲目乐观、失去自我认知和判断的能力，还认为孩子在考虑问题时总是不成熟，为了让孩子保持冷静客观，避免孩子受到伤害，一些父母会因此而给孩子"泼冷水"，以阻止孩子的行为。

然而实际上，给孩子泼冷水未必能让孩子保持正确的心态，让孩子冷静下来仔细思考，反而会激起孩子的不良情绪，从而影响孩子的行为。另外，如果父母总是在孩子开心的时候给其"泼冷水"，就会打击孩子的积极性，影响其办事热情，甚至还会阻碍孩子潜能的发挥，如果父母总是在孩子想要尝试新的事物的时候给孩子"泼冷水"，孩子的自信心就会受到打击，容易丧失继续奋斗和进步的动力；而如果父母在孩子表现有些糟糕的时候"泼冷水"则更是有害，这样会让孩子觉得自己的努力得不到父母的尊重和认可，甚至会给孩子留下心灵阴影。

从孩子成长发展的角度来说，在孩子想要去做某事的时候，父母应该尽可能地支持和帮助孩子，即使是觉得事情太复杂，孩子会做不好，也应该先试着帮孩子想办法，给孩子以尝试的机会，而不是总打击孩子。

>>> **语言演练场**

陈露的父母都是工人，家境一般，父母并不能为她提供良好的物质生活条件，可是，当看到班级里别的同学都报名参加兴趣班，培养艺术特长时，陈露也报了一个二胡班。因为陈露以前并没有系统地学过音乐，基础不怎么好，而且二胡本身就是比较难学的乐器，所以陈露在刚练习的时候觉得非常吃力，可她仍旧坚持不懈地学习着。

有一天，陈露在家练习拉二胡，由于刚刚才开始学，又没有完全掌握技术要领，她拉得非常难听，妈妈走过来，说："你这是在拉二胡吗？驴叫都比这好听！"

陈露听了很伤心，也很气馁，一时间不知道该说什么好。此时，爸爸回来了……

面对这种场景，你可能会对孩子这么说：

✕ "这是在干什么呢？二胡怎么拉成这样，干脆别学了，你根本就不是那块料！"

会"说话"的父母这样说：

✓ "孩子，虽然你二胡拉得还是没有什么艺术性，可比起前几天来进步多了！慢慢学，总会一点点进步的，二胡拉得很好的人，都是从苦练中走过来的，相信你也一定可以！"

"父母骂你是为了你好"
—— "打是亲，骂是爱"是最大的谎言

王洋的爸爸脾气有些暴躁，在教育儿子的时候不仅没什么耐心，动不动就会对孩子大吼大叫，在孩子表现不好的时候更是经常会责骂和打孩子，但是，王洋并没有因此而服从爸爸的管教，反而变得十分叛逆。有一次，王洋又因为在阶段考试中数学成绩很不理想而遭到了爸爸的训斥和教训。

"爸爸，老师说家长也不能随便打人！"在挨打之后，王洋不满地说。

"谁让你不好好学习，不好好表现呢？考试不好就要挨打！"爸爸大声地吼道。

"你这样做是不对的！"王洋有些气愤地说。

"谁说我是不对的，你是我儿子，我就得好好管你！'打是亲，骂是爱'，我这样做还不是为了你好！"

"我不用您管，您越是这样，我就越不听您的！"王洋边说边哭着跑出了家门。

>>> 有话要说

"打是亲，骂是爱"是中国不少家长信奉的教育理念。而且在现实中，不少父母也都是这样做的，他们信奉"棍棒底下出孝子"，在教育孩子的时候喜欢训斥和打自己的孩子，以此来惩戒和教育孩子，希望孩子记住"前车之鉴"，上述例子中的王洋爸爸就是这样。事实上，这种教育方式收效甚微，多数孩子并不会因为父母的打骂而意识到自己的错误，改正不良行为，反而会因此对父母产生不满情绪，这是因为，人们的情绪判断会遵循"情绪判断优先定律"，即当人们遇到问题时，通常会情绪先于理性，先处理情绪之后再处理事情。当孩子对父母有不满情绪之后，通常会先记住当时的"恐惧"，而忘了对错误的判断与反省，同时还会因为父母的不理解和不尊重而厌恶父母。

心理学上所说的"情绪判断优先定律",即指情绪会优先于理性,影响人们的判断。无论是好情绪还是坏情绪都会首先影响到人的行为。当孩子闯了祸之后,他心里其实很痛苦,很内疚,在这种糟糕的心态下,孩子只会对于父母的打骂反感,会觉得父母是因为不爱自己、不关心自己才会这样的,此时,孩子就根本无心改正错误。

从表面上看,打骂可以使孩子暂时克服自己不正确的欲望和控制不正确的行为,但是,不能从根本上解决问题,弄不好还可能使孩子养成说谎的毛病,变得阳奉阴违,父母面前不做、背后做。同时,打骂会污辱孩子人格和扼杀孩子个性,还容易使孩子丧失自尊心,失去生活支柱,逆来顺受,畏首畏尾。另外,那些被打骂的孩子,随着年龄的增长,虽然已看不见他们身体上挨打的伤痕,但在他们的内心,仍然保留着幼年时挨打的痕迹,这些痕迹会造成孩子的不自信、缺乏安全感等后遗症,对孩子的个性发展和人生发展都会产生消极的影响。

无数事实证明,"打是亲,骂是爱"是最大的谎言,暴力教育从来就不会让孩子变得顺从,也不会让他变得聪明和懂事。在教育孩子的时候只有学会"先处理情绪,后处理事情",先体谅孩子的感情,宽容和安慰孩子,处理好他的情绪,使他处于良好的情绪状态下,然后再想办法教育和引导,孩子才会信服和接受。

教育孩子只能说服，不能压服，只能用爱交换爱，用信任交换信任。打骂教育，是一种畸形的家庭教育方式，在现代的家庭中，应该避免出现。

>>> **语言演练场**

过几天就是蒙蒙爸爸的生日了，叔叔和姑姑都说要来给爸爸庆贺，为了迎接客人的到来，蒙蒙和妹妹在周末主动承担了打扫卫生的工作。在收拾桌子的时候，由于蒙蒙心不在焉，不小心把桌子上的花瓶打碎了。蒙蒙知道这是爸爸最喜欢的花瓶，明白自己闯了大祸，十分担心，心想："这是爸爸最喜欢的东西，而且爸爸向来非常严厉，这次他一定会骂我打我的！"

正在此时，爸爸回来了，看到蒙蒙和地上打碎的花瓶，有些气恼地问："这是怎么回事？你怎么把我最喜欢的花瓶打碎了？"

"不，不是我，是……妹妹。"蒙蒙吞吞吐吐地说。

后来爸爸经过调查，发现的确是蒙蒙把花瓶打碎了。

面对这种场景，你可能会这么对孩子说：

✗ "你怎么总是这么毛手毛脚的啊，我花高价钱收藏的花瓶居然就被你打碎了，而且，你居然还敢撒谎，看我今天怎么收拾你！几天不打你，不骂你，你就不知道父母对你好了！"

✓ 会"说话"的父母这样说：

"我已经知道了，今天打扫卫生，你是咱家做得最好的，我很高兴！至于这个花瓶，放在这里是有点碍事，我也早想处理它了，碎就碎了吧，不过呢，以后劳动的时候可要注意啊，万一花瓶碎片伤到手怎么办？"

"你这样做绝对不可以"
——对于孩子的"青春期叛逆"不可硬碰

最近一段时间，张爱的父母正在为养了一个"叛逆"的女儿而烦恼呢！他们觉得自己的女儿自从上初中之后就变得越来越不听话了，经常顶撞父母，有时候父母说多了，她甚至理都不理他们，做事情始终我行我素，不尊重父母的想法。

张爱从小就喜欢打乒乓球，可是上初中之后，父母为了能让她专心学习，提高成绩，就不允许她再去打乒乓球，经常因此而训斥她，可张爱并不理会父母。

这天，张爱放学后打了一会儿乒乓球才回来，一进家门，父亲就质问她："你又去打球了？"

张爱只是看了父亲一眼，没吭声，径直朝自己的房间走去。

"我跟你说话呢！你这是什么态度？真是越大越不懂事了！"

"我怎么了？不就是打了会儿球吗？小时候我什么都听您的，可现在我长大了，我有自己的主见，您别再干涉我，行不行？"

"你还有理了？看看你的学习成绩，直线下降，还不都是因为天天打球？"爸爸越说越气。

"我打球从来就没耽误过做作业，也没有影响到学习！"张爱理直气壮。

"还不承认,那你的成绩怎么越来越差了?"

"还不是你们整天这不行,那不许的,我心情不好,学不下去!"说完,张爱走进了自己的房间,重重地关上了门。

>>> **有话要说**

孩子的成长过程中,都会经历一个青春叛逆期,这一时期的孩子缺乏适应社会环境的独立思考能力、感受力和行动能力等;另一方面,初步觉醒的自我意识又会支配他们强烈的表现欲,即处处想体现自己,想通过展示自己和别人不同来证明自己的价值。父母在教育孩子的过程中,一定要了解孩子的这种心理。

青春期叛逆是孩子在成长过程中必然会经历的,只是有些孩子表现明显,而有些孩子则相对没这么严重而已。在生活中,有些父母对于孩子青春期叛逆行为并不能很好地应对和处理,当孩子的叛逆行为一旦发生,他们往往采用强制手段进行压制,殊不知,有压制就会有反抗,更容易增强孩子的叛逆情绪。

反抗是孩子成长的轨迹,是孩子正在顺利成长的标志,对于孩子的发展来说是不可欠缺的重要一环,在反抗期里不会反抗的孩子才是令人担心的。对于孩子的反抗和叛逆,父母不要与之对抗,而要巧妙地应付。

这时妈妈最好能记住四个关键词:一是"无知",二是兴趣,三是放权,四是温柔地坚持。这是许多心理学专家共同的认识。

"无知"就是说父母应该在适当的时候学会装傻,不要老觉得自己懂得孩子的一切，总是告诉孩子怎么做，而应启发孩子，放手让孩子自己做，让他们体会到成功的喜悦。

兴趣是说不要只对孩子的学习感兴趣，要学会对他生活中的所有细节感兴趣。比如孩子喜欢唱歌跳舞，父母就也要学会欣赏他，要明白，赏识对孩子的健康成长是非常有效的法宝。

"放权"就是说父母要对孩子适当地让"权"。孩子的成长是需要时间和空间的，尤其是在青春期时间，他们有主见和想法，并不希望时时都有父母在旁边唠叨提醒，父母就要学会闭嘴，给孩子自己做决定的自由和权力。

所谓温柔地坚持，就是有时候对原则性的问题要坚持，但要讲究方法。比如孩子早恋或者整夜泡网吧，这时候你就要温柔地坚持，说这样做对你是不好的。记住，是对她不好。不要强制她不出去，但只要她出去，你就用这种方式来提醒她，这些行为对她的身体、品行和人生发展，都可能会造成很大的负面影响。

如果在这些方面都做好了，父母就能巧妙地应对孩子的青春期叛逆，并且成为孩子心中真正的好父母了。

>>> **语言演练场**

正就读于初二的王晓明最近越来越讨厌父母的教育和说话方式了，他觉得父母总是固执并喜欢打骂自己，完全不能从自己的角度考虑问题，所以经常与父母闹矛盾。

有一个周末的晚上，王晓明因为参加同学的生日聚会，回家晚了。在回家的路上，他非常担心，害怕挨打，因为父母对他的要求非常严格,无论在什么情况下都要求他晚上八点之前要回到家。

果然,王晓明刚踏进家门,父亲就是一阵怒斥:"怎么这么晚了才回来!你究竟干什么去了?"

"我,我今晚帮同学过生日,回来得有点晚,但事先我已经告诉妈妈了。"

面对这种场景,你可能会这么对孩子说:

✘ "告诉妈妈有什么用?难道你就忘了家里的规定和纪律了吗?上次那么狠狠地教训了你,你还是记不住,看我这次怎么打你!"

会"说话"的父母这样说:

✓ "你帮同学过生日回来晚了是可以理解的,告诉妈妈也很应该,这次就算了。以后不能再这样晚归了。"

"他数学经常不及格"
——别揭孩子的伤疤

张华和陈默是表兄弟,他们的家也住得不远,所以两家人往来算是比较密切的。有一天,张华的妈妈带着张华到陈默家玩,此时陈默的妈妈正因为孩子的数学考试成绩不理想而训斥孩子。

"你怎么搞的?怎么又考得这么差?都不知道你平时是怎么

学习的，真是笨得很啊！"妈妈训斥沉默。

陈默不说话，低着头，内心似乎也在为此而觉得羞愧。

"你小学时学习还不错的，可自从进入初中以来，你的成绩为什么就这么糟糕呢？你想想看，这个学期你那次考试让人满意了？去年期末考试你排在了班级倒数第10名，数学没有及格，英语也考得很不好，这学期的期中考试你还是没有长进，数学只考了56分，这次数学考试仍旧是不及格，你丢不丢人啊？"妈妈对着陈默就是一阵数落。

"其实我也想好好学的，我也不想这样的！"

"那你还不好好反省一下，下次考好点，不要总是不及格了，很丢人的。"

看到妈妈当着表弟和姨妈的面这样批评自己，沉默觉得很不好意思，于是没有再说什么，低头进了房间。

>>> 有话要说

在孩子的成长过程中，难免会犯这样那样的错误，会留下一些难以磨灭的失败印记，也会在不经意间做出许多让大人感觉好笑的"糗事"，随着时光的流逝，有些会被忘却，有些则可能被始终铭记。孩子成长过程中的不愉快经历或多或少会给孩子带来羞耻感，成为他们的隐痛，甚至给他们的心灵造成一定的伤害，留下一些疤痕，一般人都不愿意回顾这些经历，更不愿意向别人提起这些经历。对于上例中的陈默来说，接连几次的数学不及格一定会对他的心灵造成影响，他也有自尊和羞耻心，希望能考好，更希望能守住自己的尊严，可妈妈当着外人面的一阵数落，无疑是在揭他的伤疤，让他觉得内心受伤，自尊心受挫。

孩子身上的缺陷、曾经的失败和挫折经历都会在孩子的心中留下伤疤，当孩子心灵的伤疤还没有痊愈的时候，就非常希望能得到别人的尊重和保护，尤其是来自父母的。如果父母不了解孩子的这种心理，总喜欢把孩子的缺陷和不愉快经历到处说，或者拿来当作笑料说给别人听，或者以此作为教育孩子的素材，就很容易伤害孩子的心灵，在他们的心中留下难以消除的疤痕。父母在教育孩子的时候是需要讲究科学方法的，尤其是当孩子感到受伤，希望得到保护和尊重的时候更是如此。

当孩子因为失败和表现不佳而自怨自艾的时候，父母最应该做的应该是理解和安慰孩子，而不是对于孩子的表现持不接纳的态度，更不能时不时地说起那段令孩子觉得羞愧和不安的经历，揭孩子的伤疤，这样只会让孩子倍觉痛苦。

另外，对于孩子来说，其身上的缺陷、曾经的失败和挫折经历都会在内心留下伤疤，当孩子心灵的伤疤还没有痊愈的时候，父母千万不要揭孩子的伤疤，不要因为孩子的缺陷而嘲笑他，不要因为孩子曾经的过失和不愉快经历来数落和教训孩子，而应该多多理解和关心孩子，慰藉他们的心灵，用爱来滋养孩子，帮助他们走出成长的困境。

>>> **语言演练场**

妍妍今年刚上初中，她学习成绩不错，平时也特别活泼，喜欢帮助人，在小学时一直担任班干部，所以在初中班主任说希望全班同学能踊跃竞选班长时，她也非常想要参加竞选，有天晚上，她把自己的这一想法说给了妈妈听。

"妈妈，我们老师说过两天就要竞选班长了，我想参加竞选。"妍妍对妈妈说。

妈妈知道，女儿一直对当班干部很热心，尤其是想当班长，在小学时她就几次尝试着参加竞选，可惜都失败了。

面对这种场景，你可能会这么对孩子说：

✗ "你这次还想参加竞选啊？你以前不是参加过很多次，可都失败了吗？有一次你还因此而当着全班人的面哭了呢！总是落选，你不觉得很丢人吗？"

会"说话"的父母这样说：

✓ "嗯，可以试试。尽管以前你也有失败的经历，但你希望为同学服务，并能始终坚持的心是很好的！相信你这次一定会有好的表现，收获成功的！"

"再不努力，就去捡垃圾"
——经常吓唬孩子，会让孩子神经衰弱

韩蕾以前的学习成绩还不错，可自从上小学五年级之后，由于学习的难度增加，再加上上课时注意力不集中，她的成绩可谓一落千丈,她也非常担心和忧虑,希望能把学习赶上来,可越是这样,她就越不能集中精力好好学习,结果学习上没有一点进步。

有一次,老师又因为韩蕾的学习成绩差而找她的妈妈谈话,妈妈回家后就开始教训韩蕾。

"你最近是怎么了,每次都考得这么差?"

"我,其实我也想好好学的,我也不想这样,可学习总是跟不上。"韩蕾答道。

"好好学了怎么可能跟不上?如果你现在还不好好读书,将来你就去捡垃圾好了。"妈妈吓唬韩蕾。

"我不要!"

"到时候就不是你要不要的问题,你现在不好好学,以后没有单位愿意要你,你没有饭吃,也许就只能捡垃圾养活自己了。"韩蕾平时就比较胆小,听妈妈这么一说比以前更加焦虑了,不久后还因为精神紧张而不得不到医院治疗。

>>> 有话要说

按理说,青少年正处于身心发育的初期,应该是无忧无虑的,可是在现实生活中,就有不少青少年因为压力过大而心情焦虑、忧郁,甚至患上了神经衰弱症。众所周知,当一个人担负着过重的压力时常常会有这些表现,一般人都会认为这种情况只会发生在大人的身上,却不知道青少年也会有此状况。

青少年神经衰弱的主要表现有入睡慢、睡眠浅、梦多、爱急躁、常常感到头痛或头部发热、头晕、食欲不振、怕声音、怕光、胸口发热、手脚麻木、容易疲劳等。使青少年感到压力大、焦虑、神经紧张的原因主要是学习负担过重，成绩不良，家庭环境不如意，或本身体质较弱、性格急躁、小心眼等。这其中，精神紧张是最主要的原因，而孩子之所以会精神紧张，往往是因为父母的恐吓引起的。据统计，全世界有65%的神经衰弱症青少年患者都是因为父母的恐吓！小孩子生性爱动，马虎容易犯错，而父母往往就因为这些小事而责备孩子，或者是以某种可怕的后果来恐吓孩子，最终造成了孩子的心理疾病。也许在父母的心中，以恐吓的方式教育孩子并不是想把孩子吓出毛病，只是想刺激一下孩子，让孩子警觉起来。可是，父母原本的一番好意却成了孩子的心病。因为这种过度的刺激，超过了孩子的承受范围，最终让孩子心理失衡，造成了孩子的心理疾病。

事实上，父母给孩子适当的压力是应该的，但前提是不能超过孩子的负荷，不能伤害孩子的心，更不要随随便便就恐吓孩子。要知道，孩子的压力本来就很大了，他们在学校面对着学习、与同学相处的压力已经很大了，非常希望能得到父母的关爱和疏导，而不是恐吓和加压。

无论对于谁，治疗神经衰弱最好的方法就是学会给自己减压，努力保持心情轻松，因此，当孩子神经衰弱时，父母应该多给孩子一些温暖的鼓舞，要帮助孩子正确认识周围的环境，减轻思想负担。另外，父母还可以鼓励孩子努力学习，安排好学习、文娱活动，保证睡眠，多参加集体户外运动，增强体质，克服胆怯、心窄的性格,从而建立起克服困难的信心与勇气。最重要的一点便是,无论在什么情况下,父母都不能恐吓和威胁孩子。

>>> **语言演练场**

唐辉的父母都是工厂的工人,工作又苦又累,还常常加班,因此没有多少时间来管教孩子。但是爸爸妈妈对唐辉的期望很高,他们希望孩子能好好学习,长大后能有出息,不要像自己一样。唐辉也明白父母的苦心,所以一直以来学习都很努力,成绩始终在班级名列前茅。

可是最近,他突然迷恋上了网络,因为他们家没有电脑,他下课后总会先去网吧上网,有时候甚至还会逃课去网吧,时间一长,唐辉的学习退步明显。有一天,爸爸在得知原因后,大声对唐辉说:"爸爸妈妈这么辛苦地赚钱供你读书,很不容易,你怎么能这么不知道珍惜呢?"

"我,我知道错了,以后会改正的。"

面对这种场景,你可能会这么对孩子说:

✘ "以后再改,那你现在干什么去了?我们送你读书已经很不容易了,你再这样,就不要念书了,出来搬砖挣钱,要不就去收破烂谋生,我们不会白养你的!"

会"说话"的父母这样说:

✓ "你能意识到错误很好,但最重要的还是努力改正,爸爸相信你能学好!"

第二章

语言的力量：
家庭环境和语言习惯决定孩子的性格

"你好、谢谢、对不起"
——文明用语父母先行

娟娟是个活泼好动的孩子，对周围的事物充满好奇心，模仿能力很强。小时候，她虽然个子不高，也不懂事，可总喜欢模仿爸爸妈妈的言行，在之后的成长过程中她的性格、行为习惯等受父母的影响明显。

有一次，娟娟爸爸因为孩子在学校说脏话，屡教不改而被班主任请去谈话，回来之后，爸爸十分恼火。严厉地对娟娟说："你这个孩子，从小就不学好，怎么能随便骂人、对待师长一点都不讲礼貌呢？"

"你们平时不也是如此，我是向你们学的！"娟娟反驳说。

"学我们的？你给我说清楚！"

"就是啊，你们平时不也总是不尊敬爷爷奶奶吗？你们平时不也因为一点小事而骂人吗？昨天晚上您和妈妈商量与人合作做生意的事情，还口口声声说别人是'蠢货''傻瓜'呢？"

听了娟娟的话语，爸爸的脸红了，他没想到父母平时的言行会对孩子产生这样严重的影响，不免有些后悔往日的所作所为了。

>>> **有话要说**

孟德斯鸠说:"礼貌使有礼貌的人喜悦,也使那些被人以礼貌相待的人们喜悦。"文明的语言,礼貌的举止能够体现一个人的内涵和修养,也有助于一个人的健康成长和事业的成功。没有修养、不懂得文明礼貌既会伤害到他人,也会毁坏自己的形象,这样的人是无法获得别人的尊重和认可的,青少年最好不要做这样的人。

在生活中我们会发现,凡是待人周到谦和的孩子,往往更容易赢得机遇。而这些待人友善的处世本领,都需要从小培养,从小事着手培养,这就需要父母长期的熏陶和教育。

父母是孩子最亲近最热爱的人,是离孩子最近的榜样,父母的所作所为容易被孩子认为是天然合理的,容易被孩子学习和模仿,所以要想教育好孩子,父母应该先注意自己的形象,做好模范带头作用。具体来说,想要培养孩子讲究文明礼貌的习惯,父母需要注意:

1.改变自己对孩子的教育方式。父母在教育孩子时应尽量采取启发和开导的方式,多点道理,少点责骂,要知道,治理洪水的方式是"疏",而不是"堵",教育孩子也一样。比如孩子看到长辈不会打招呼,你不能当众就训斥孩子,而可以回家教育孩子说:"刚才看到的那位是妈妈的朋友,你应该叫叔叔,以后见到叔叔了要主动打个招呼,这样别人才会更喜欢你。"

2.父母在教育孩子时应该严格要求,同时自己主动做到。父母可以与孩子谈心，明确要求他们成为有教养的好孩子，告诉他们哪些言行是文明礼貌的、哪些言行是粗鲁无礼的，教给孩子一些常用的文明用语和具体做法，而且，在要求孩子做到的时候，父母同样要严格遵守，给孩子做好示范作用。

3. 多给孩子一些与人交流和沟通的机会，并且及时纠正孩子的不良行为。有时候孩子见人木讷扭捏，常给人一种没有礼貌的感觉，其实这可能跟孩子的性格、缺少交往机会等有关，如果父母能多给孩子创造一些机会，孩子懂得与人相处了，可能会变得更有礼貌。另外，在孩子与人交往的过程中，难免会出现一些不文明的行为，此时父母应该多多指导和教育，帮助孩子努力改正这些不好的习惯，变得懂礼貌、讲礼仪。

文明礼貌的问题看起来很简单，但却是孩子品德教养修炼的基础内容，做好了这些，才有利于孩子健全人格的培养和塑造，促进孩子的健康成长。

>>> **语言演练场**

赵敏的父母从小就一心想把女儿培养成端庄贤惠的淑女，所以对女儿有着较高的礼仪要求，可是，父母们对于自己的要求却似乎没有这么严格，赵敏对此感到疑惑和不满。

有一次，妈妈带着赵敏去商场逛街，因为是节假日，商场里的人非常多，有一个叔叔不小心踩了妈妈的脚，妈妈就大叫了起来，说："你这人没长眼睛啊！"在那人道歉之后，妈妈仍旧数落了他几句。

"妈,您不是说为人应该讲究礼仪和形象的吗?可您刚才的行为好像不怎么有风度呀!"

面对这种场景,你可能会这么对孩子说:

✗ "你还是个孩子,妈妈当然要这样要求你,要不,你从小就不学好,长大还得了!"

会"说话"的父母这样答:

✓ "嗯,是的,妈妈刚才的行为是没什么风度,是妈妈不对,怎么一不小心就成了反面教材,你可不要学啊,妈妈以后肯定改。"

"每个人都会犯错"
——引导孩子学会理解和宽容

齐齐是某市一所重点中学的学生,他们学校采用的是全封闭式管理。齐齐性格开朗,和舍友们的关系还算比较融洽。周末在家的时候还会跟爸爸妈妈说起学校的故事,经常说得眉飞色舞。

一个周末,齐齐放假回家了。爸爸主动问:"儿子,这个星期过得怎么样?和同学们相处还愉快吗?"

"呃,有些不开心,我和舍友张兵闹矛盾了,他实在是太自私了。"齐齐答道。

"怎么了,有什么可以跟爸爸说说吗?"

"我们舍友以前关系特别好,平时大家都是互帮互助,一起分享的,有段时间张宁的生活费紧张,我们还经常请他吃饭呢!可是最近我发现张宁实在是一个小气的人,他学习成绩好,作业总是我们几个中最快完成的,可当我们向他请教数学难题时,他总是说自己不会,其实他本来是会的,只是不愿意给我们解答,真自私。"齐齐一口气说了很多。

"原来是这样啊,孩子,爸爸也觉得张宁在这件事上是有些自私了,但是他可能也有自己的一些理由,而且每个人都会犯错,我们待人应该宽容,多体谅一下别人。"听了爸爸的话,齐齐的情绪平静了不少。

>>> **有话要说**

身为父母,不仅要关心孩子的身体健康,更要关注孩子的心灵成长。在生活中经常对孩子进行宽容教育就是父母应该做好的功课之一。宽容是一种十分珍贵的品质,主要表现为对别人行为的体谅和对过错的原谅。这种品质对孩子个性的健康发展和人际关系的完善尤为重要。缺少宽容之心的人由于不能用心来感受别人的需要,往往在人群当中得不到认同。

现在的孩子大多数都是独生子女,是家里的掌上明珠,万千宠爱还都不够,如果孩子在外面受了委屈,一些家长就会心疼得不得了,有些家长还会给孩子灌输这样的思想:"别人要是对不起你,你就不要对得起他。别人打你,你就打他。"这对于孩子的健康成长其实是十分有害的。如果只是教孩子责怪别人,就不会懂得反思自己，那孩子就可能变成一个自私而不通情理的人，这样的人是难以建立良好的人际关系的。

父母在平时应该教孩子学会理解和宽容，告诉孩子"严于律己，宽以待人""己所不欲，勿施于人"等正确的为人处世道理，为孩子的人生树立正确的方向。具体来说，父母可以注意这几点：

1. 父母要为孩子树立榜样。

父母是孩子的第一任老师。孩子最初都是从父母那里学习待人接物的。如果父母与人的态度是宽容、大度，与邻里、同事之间融洽相处，孩子就会学着父母的样子处理与同学之间的关系。

2. 让孩子学会站在他人的角度思考问题，多多理解和宽容他人。

父母应该告诉孩子，生活中难免与别人发生矛盾，当双方产生矛盾的时候，要能够站在对方的角度，设身处地体谅对方的心情。如果体谅到对方的难处，就会减少很多不必要的矛盾。当孩子与别人发生冲突的时候，就要引导孩子做这种"心理换位"。

3. 教孩子理解他人的缺点。

每个人都有缺点和不足，完全没有必要责备，父母应该教育孩子学会宽容和谅解，在理解和原谅别人的同时，其实也是在修炼自己的品行，更能使自己多一份好心情。当然，教孩子多宽容别人并不是混淆孩子的判断力，宽容并不是对人妥协。对于那些行为不好的同学，告诉孩子对他们敬而远之就可以了，重要的是把他们当成一面镜子，看看自己是不是也有这样的缺点才最重要。

4. 鼓励孩子多与同伴交往，让孩子在实践中得到锻炼和提升。

在孩子与同伴交往的过程中，父母要特别注意引导孩子，让孩子不嫉妒比自己强的同学，不嘲弄比自己差的同学，不故意为难自己的竞争对手，而是向好同学学习，帮助不如自己的同学，与竞争的对手合作。通过这样的交往实践，孩子才能更好地体会宽容的意义，分享别人的成功，获得成长的乐趣，也赢得友谊。

>>> **语言演练场**

文丹是一名小学五年级的女孩，为人比较胆小，动不动就喜欢哭，平日里爸爸妈妈对她呵护有加，很少会让她受到委屈。

在暑假的一天，文丹和爸爸妈妈跟随一个旅行团到云南去旅游，他们在一个度假村游玩时，导游由于粗心，没有及时通知文丹一家人第二天游玩的时间和具体路线，害得他们一家在酒店等了很久，等导游想起来之后已经过了几个小时了。

在看到导游之后，文丹非常生气，在爸爸妈妈还没有说话之前她开口了："我们已经在这里等了很久了，你怎么能把我们丢在这里呢？真是不负责任！"显然，她已经急得想哭了。

"对不起，真是对不起，是我工作疏忽了！"

面对这种场景，你可能会这么对孩子说：

✗ "你看，孩子都要被吓哭了，你这个导游也真是的，这么没有责任心，浪费我们的时间，我要投诉！"

会"说话"的父母这样说：

✓ "孩子是有些担心,可现在已经不要紧了。我知道,你也因为找不到我们而非常紧张难过。不过现都好了,你以后工作的时候多注意点就行。"

"每天都要笑一笑"
——"营养"出孩子的阳光心态

韩国 18 岁少女喜儿弹奏的钢琴曲非常动听,吸引了不少听众。

喜儿的双腿比正常人短,而且每只手上只有两根手指头,她并不聪明,只有 7 岁小孩的智力。但这个少女却总能面带微笑和别人交流,在她看来,正是因为自己只有 4 根手指头,所以很多人才喜欢听她演奏,她觉得幸福极了,而她的这种健康心态源于她有一位好妈妈。

小时候,喜儿也曾经这样问过妈妈:"妈妈,我怎么觉得自己的手跟别人的不一样?"

"是的,是有些不一样。妈妈很喜欢你的小手,如果咱们能换换就好了!"

"不,我不换!我也很喜欢,"每次,喜儿都会这么回答。

喜儿的妈妈丝毫不在意别人对喜儿的评价,她总是不停地告诉喜儿:"你的手指是世界上最漂亮的手指。"正是因为妈妈始终鼓励喜儿，以良好的心态影响和帮助喜儿，喜儿渐渐地忘记了自己的缺陷，始终乐观积极地面对生活，她在钢琴演奏方面终于有所造诣。

>>> **有话要说**

在喜儿的成长过程中，妈妈传递给喜儿的不仅仅是一种快乐的情绪，更是一种积极的快乐的生存态度，正是在妈妈的影响和帮助下，喜儿学会乐观地面对生活，演绎出了自己的精彩。

美国儿童心理学家经过多年的研究发现，注意培养孩子快乐的性格，有利于孩子的健康成长。甚至还有不少教育专家认为，家庭教育应该有一个远大的目标，那就是让孩子感觉快乐，培养出孩子的阳光心态。

孩提时代，理应是一个充满梦想和快乐的时代。正所谓："人生不如意者，十有八九"，父母要做的不仅是要帮助孩子学习知识，更应该让孩子不断地感受幸福和快乐，培养孩子的良好心态。良好的心态是一生的财富，拥有好心态的人比较能够以轻松的心情来迎接未来的挑战，心态好的人比较能以理智的方法来解决问题。生活中，父母可以多注意这些：

1. 父母要注意培养孩子对快乐的体验，让孩子有机会享受"不受限制"的快乐。在每一件小事上，父母都可以询问孩子的感觉，高兴不高兴，为什么等，同时，父母也可以把自己的体验告诉孩子。此外，父母还应该学会理解孩子，多给孩子一些享受快乐的空间，如当孩子表现不佳的时候，父母可以先不训斥孩子，而是宽容地对待，体谅孩子的行为，之后再委婉地进行批评教育，当孩子遇到困难的时候，父母可以用积极的话语鼓励和安慰孩子，培养孩子的良好心态，让孩子学会正确地面对逆境。

2. 不苛求孩子，而是尽量多给孩子表现的机会。孩子毕竟是孩子，各方面的能力有限，总有这样或者那样的不足，父母不可过于追求完美，要尊重孩子，多从孩子的角度思考问题。另外，因为每一个孩子都有自己独特的天才和技能，展示这些能给他们带来极大的喜悦，所以当孩子渴望表现的时候，父母应该多多培养，并适当帮孩子制造表现的机会。

3. 教孩子调整心理状态。父母可以为孩子指出前途总是光明的，使他在恢复快乐心情的环境中寻找安慰，积极调整好心态。那些经常快乐的人，并不是永远都心态很好的人，而是特别善于调整心态的人。

>>> **语言演练场**

林克是一个有些内向的孩子，他看起来很不自信，而且平时也很少与人交流，可他的内心却十分要强，凡事都想超越别人，在比赛中也总想着取胜，一旦失败之后，总会发脾气。

有一天放学后，他很不高兴地回到家里。爸爸见了，就问："怎么了，儿子，有什么不开心的事情？"

"别吵我，烦着呢！今天体育课上和同学跑步比赛，可我输了，其实我的实力本来比他强很多的，只是出了些小意外，真不甘心啊，怎么会输给他呢？同学们好像都在笑话我呢！"

面对这种场景,你可能会这么对孩子说:

✗ "真活该,谁叫你不好好跑,现在还好意思说?"

会"说话"的父母这样答:

✓ "孩子,其实比赛的结果并没有你想的那么重要,而且,同学们也不会因此就笑话你了!生活中难免会遇到困难,只有学会乐观面对、积极解决,我们才会永远过得开心!"

"很高兴你有自己的梦想"
——鼓励并支持孩子的理想

有一个孩子在读小学六年级的时候,因为考试成绩好而得到老师的奖励——一本世界地图。回到家之后,他一边帮家人烧水,一边看地图,当看到埃及地图的时候,他想到了埃及的金字塔、埃及艳后、尼罗河等众多令人着迷的东西,心想长大以后有机会一定要去埃及,去体味一下那里的神奇和美妙。因为过于着迷了,他竟然把烧水的事情给忘记了。

妈妈见此情景,怒气冲冲地对他说:"你在干什么?"

"我在看地图!"他看到妈妈,便回答说。

"火都熄了,看什么地图!"妈妈显然更生气了。

"我在看埃及的地图。"他回答。

"赶快生火!看什么埃及地图?我向你保证!你这辈子都不

可能到那么遥远的地方去！赶快生火吧！整天想入非非，你以为想怎么样就能怎么样呀。"说完，妈妈还踢了他的屁股一脚。

在此后的成长过程中，这个孩子一直记得这天的情景，却始终没有放弃过去埃及的梦想。20年后，他第一次出国就去了埃及，而且还坐在埃及金字塔前面的台阶上，寄了一张明信片给他妈妈，上面写道："亲爱的妈妈，我现在在埃及的金字塔前面给您写信，记得小时候，您打我两个耳光，还踢我一脚，保证我不能到这么远的地方来吗？现在我就坐在这里——埃及金字塔前面给您写信。"

>>> **有话要说**

喜欢做梦和幻想是孩子的天性。许多孩子常常会有一个稀奇古怪的梦想，当然，孩子也有一些可能成为现实的理想，比如想要成为一名教师、想当科学家、将来能有所成就等。虽然孩子的梦想并不一定都能实现，但不敢梦想就永远不会有成功。

科学家的一项调查研究发现，拥有梦想的孩子今后更有希望大鹏展翅，成功的概率更大；没有梦想的孩子也许会循规蹈矩，甚至碌碌终生。中国也有句俗话说，心有多大，舞台就有多大。梦想决定着人生的成就，理想是个人奋斗进取的动力，每个孩子都应该有自己的梦想。

对于孩子们来说，任何一个梦想都是宝贵的、值得称赞的，当孩子说出自己的梦想时，父母要细心呵护，给予鼓励和支持，并引导和帮助孩子将之转化为现实。父母在孩子的生命中，充当的角色不是去粉碎孩子的梦想,而是给予他们梦想。

>>> **语言演练场**

天华已经上小学五年级了,自我意识逐渐增强,凡事也都有自己的想法,一天晚上,他和爸爸一起看电视,电视讲的是一个有关律师与法治的故事,天华看到荧幕上的一位律师很有威严和气派,在法庭上表现镇静自如,说起话来滔滔不绝,一会儿引经据典,一会儿举例说明,引得人们纷纷喝彩,不仅也生出了崇敬之情,并且说:

"爸爸,这位律师真牛!是我的偶像,我以后也要做律师,成为一个像他一样的人!"

听完儿子的话,爸爸的表现有些诧异,他看了看儿子,因为他知道,自己的儿子向来内敛,口才也不怎么好,可没想到儿子居然有这样的理想。

面对这种场景,你可能会这么对孩子说:

✗"做人要有自知之明,你性格内向,而且口才也不好,怎么能做律师呢?"

会"说话"的父母这样说:

✓"有这样的理想好是好,可你从小就不怎么喜欢与人交流,而且,当律师必须熟悉很多法律法规,许多条文都必须背得滚瓜烂熟,爸爸很支持你的梦想,但我觉得,如果你想当律师,从现在起就应该每天勤学苦练了。"

"你要学会勇敢地站起来"
——让孩子自己面对风雨

小刚有一天垂头丧气地回到家,告诉父母今天和同学一起比赛踢足球,他带领的队伍输得很惨。看到小刚这样的一蹶不振,爸爸拿出了自己年轻时候的照片,递到小刚的眼前。

"你看,这是爸爸上学的时候和同学的合影。"

小刚瞅瞅照片,一声不吭。

"那次也是比赛足球,我所在的队伍也输了,可是你看,我们还是很高兴地一起合影。"

小刚不知道爸爸接下来想说什么,一下忘记了难过,想听爸爸继续讲下去。

"现在已经多少年过去了,还有谁会记得当年的那场球赛呢?现在留下来的,只有我当时快乐的影子。你说,一场输了的球赛,在人生的分量能有多重呢?"

小刚明白了爸爸的意思,因为一场小小的比赛而把自己的情绪搞坏,那是非常不值得的。

"孩子,打起精神,你已经长大了,应该学会勇敢地从失败中站起来,经过努力,下次一定会赢。"爸爸拍拍小刚的肩膀。小刚一扫刚才的郁闷,变得和平常一样生龙活虎起来。

>>> **有话要说**

在我们的生活中,经常会出现这样的情况:原本优秀聪明的孩子会因为一次考试不理想、老师某一句话、生活中偶尔出现的苦难和挫折等而被打击到，从此变得消沉起来，失去进取心；原本乐观开朗的孩子会因为家庭的变故、亲人的离逝、生活的意外等偶然的打击而变得沉默寡言，萎靡不振……

尽管每个人都渴望成功，但人生中却充满了挫折和失败，对于孩子来说尤其如此，孩子年龄小、能力有限，遇到的困难和挫折可能会更多，一些孩子常常因此而遭受到沉重打击，不知该如何处理，此时父母需要积极发挥效用，帮助孩子学会勇敢地站起来，积极面对风雨。上述案例中小刚的爸爸就是这么做的，他的这种行为是值得肯定和效仿的。

父母对于孩子的关心不能仅仅体现在物质生活方面，更应该在心理等方面给予孩子帮助和爱护，其中很重要的一点就是要让孩子学会自己面对风雨，树立积极的人生态度，学会应对成长过程中的困难和挫折。具体来说，父母可以参考这些意见：

1.父母应注重培养孩子健康的心理和积极的心态。

平时，父母可以告诉孩子失败在人生的道路上是不可避免的，让孩子在思想上做好准备，这样，孩子对于失败有所准备，即使孩子以后遇到失败，心理上也更容易承受，从而将失败对孩子心理的影响降到最低。另外，在孩子遭遇失败和挫折时，父母也绝不能责怪他、讽刺他，更不能嘲笑他，而应该给予鼓励和安慰，帮助孩子重建自信，鼓励孩子培养健康积极的心态，让孩子学会勇于承担风险。

2. 父母应该教会孩子正确应对别人的评价，保持自信。

父母可以跟孩子说，受到表扬、能有奖赏固然好，可如果失败、没有奖赏，也应该保持自信，坚定地走自己的成功之路，而不要过于在意外界的评价，因为如果总是在意别人的看法，人就会活得很累，也很容易被一次次的挫折所吓坏和压倒，这样的人不仅很难从失败中站起来，心理上也会变得脆弱不堪。

>>> **语言演练场**

李静是某小学五年级的学生，在新学期开学的时候，他因为各方面表现优秀而当选为学习委员。在新学期中，他们班开展了"一帮一"活动，李静的任务是帮助一位语文总是不及格的差生提高成绩，接到任务之后，李静很上心，他每天放学后都会留下来帮助这位同学补习功课。但是，一个学期过去了，这名差生的成绩没有任何好转，期末的时候老师还因此批评了李静。

回到家后，李静觉得非常伤心和郁闷，就对妈妈说："妈妈，我想要转学，一点都不想待在这个班了，我们老师很不讲理，乱责怪人。"

"怎么了，孩子，说说看。"

李静把事情的缘由和经过一五一十地告诉了妈妈，言语中充满了委屈，眼泪都差点掉了下来。

面对这种场景，你可能会这么对孩子说：

✗ "这是你自找的，没事领这任务干什么？你们老师也不对，怎么能随便怪人呢？"

会"说话"的父母这样说：

✓ "嗯，妈妈知道这件事情你受了委屈，可是你要知道，人这一辈子，总是会遇到很多困难，被人误解和冤枉也是难免的，我们应该学会面对风雨。在这件事上，你可以问问自己，如果你真的已经尽最大努力，那就可以了，不用这么难过。"

"学会自制是对自己负责的表现"
——努力培养孩子的自制力

张震的妈妈在教育儿子时很开明，她觉得只要孩子能健康成长，也没必要对他管得那么严格。可最近，她觉得自己越来越难管好儿子了，她要求儿子做的事情，儿子总是找各种理由拒绝，而且还说得振振有词。

有一天下班回家，张震妈妈看到儿子在上网，知道儿子又没写作业，说："儿子，快去，先把作业做完再上网。"

"你不是说做人不能太教条吗？我学习了一天，就让我先玩半个小时吧，待会儿做作业也是一样的。"

妈妈觉得儿子说得也有几分道理，于是说："好吧，就半个小时。"

可半个小时之后，张震还是坐在那里，而且还耍赖说："再等半个小时，这次我保证！"

妈妈有些生气了，她觉得不能再这样纵容儿子，于是说："你不是说半小时后就去写作业吗。现在是做作业的时间了。一个人遵守承诺，自觉约束自己的行为，是对自己的负责的表现，我们每个人都应该学会自制，学会对自己负责。"

说完，妈妈就把电脑给关了，张震也从妈妈的话语中受到了启发，乖乖写作业去了。

>>> **有话要说**

贪玩是孩子的天性，很多孩子都会因为抵挡不住"玩"的诱惑而沉迷其中，以致耽误了学习，如果父母不能及时对孩子的失当行为进行约束和教育，培养孩子的自制力，帮助孩子养成良好的习惯，孩子可能在错误道路上越走越远，最终影响以后的发展。

良好的自制力是孩子掌控好人生发展方向，合理安排生活和学习的重要条件，也是对自己负责的表现，一个拥有自制力的人更容易收获成功和满足。而缺乏自制力，常常会使我们在诱惑面前变得不堪一击，不仅会造成我们时间和金钱上的浪费、影响预设目标的达成，可能还会严重扰乱我们人格的发展，增添我们的烦恼和悔恨，因此，在家庭教育中，父母应该将孩子自控力的培养置于重要地位，从小培养孩子懂得自制的品格。这点上，父母可以参考以下这些意见：

首先，父母应该意识到培养孩子自制品格的重要性，学会通过"延迟满足"练习来培养孩子的自制力。

在教育孩子的过程中,父母所秉持的教育观念很重要,只有父母的教育观念正确而先进,孩子才能受到好的影响和教育,反之亦然,所以想要教好孩子,父母应该先加强自身的学习形成正确的教育观。

在家庭教育中,如果孩子想要什么,父母就立即满足,孩子会形成这样一种观念:自己想要的东西总是能够很轻易地得到。久而久之,这会导致孩子越来越任性、贪心,急功近利。为了避免这种情况的发生,父母应该让孩子多进行"延迟满足"练习。所谓"延迟满足"是指甘愿放弃即时满足的抉择取向,去等待一种更有价值的长远结果,而"延迟满足"练习用我们平常的话来说,就是忍耐力和自制力方面的练习,比如,当孩子想要某样东西的时候,父母可以不立即满足他,而先教孩子学会耐心等待,或者对孩子提出一些要求,等孩子做到了自己所说的或是达到了要求时,父母才去满足他。通过"延迟满足"练习,父母应该让孩子明白,他并不是世界的中心,很多时候必须学会等待和控制自己的情绪、行为,自己才可能实现愿望,得到自己想要的东西。

其次,父母在平时可以适当地给孩子制定一些规矩,当孩子违犯规定时要坚决说"不",并给予孩子以一定的惩罚。

"没有规矩不成方圆",父母要把孩子培养为有自制力,懂得为自己行为负责的人,不仅要给孩子讲道理,还应该针对孩子的具体情况,给其制定一些符合于其年龄特点和性格特征的规矩,或者和孩子共同商量制定规矩,之后鼓励孩子认真遵守和执行。当孩子违反了规定或者提出一些不合理的要求时，父母应该坚决说"不"并及时制止，在拒绝孩子后将理由明确地说给孩子听，而当发现孩子违反了规定时，父母也可以进行言语上的告诫和教育，并适当地采取一些惩罚措施，从而让孩子记住教训，努力改正。

此外，帮孩子制订一些学习计划表、零用钱管理办法、日常时间安排表也不失为培养孩子自制力的好方法，父母可以酌情选用。

>>> **语言演练场**

霍影聪明伶俐，可就是贪玩，上六年级了，他还每天总想着玩。每天放学后，他总会将自己的业余生活安排得非常紧凑：先是和几个同学一起到操场去踢一小时的球，回家后便是看自己喜欢的动画片，等爸爸妈妈回来之后才开始写作业，草草写完作业之后就可以吃饭、上网了……至于他的周末时间，几乎也全部用在了玩上。

在临近考试前的那个周末，霍影本来有很多作业要做，可是，他一大清早刚打完球回来之后，又说要去和同学去烧烤。

"昨天你不是说周末有很多作业要做，没什么时间玩吗？"

"是的，作业很多，但是我还是先玩吧，等晚上回来再做作业。"

面对这种场景，你可能会这么对孩子说：

✗ "整天就知道玩，你还想不想读书了？"

会"说话"的父母这样答：

✓ "儿子，妈妈理解你周末想玩的心情，可是，你已经是毕业班的学生了，应该懂得适当约束自己的行为，合理安排好时间，只有这样，学习和生活才能两不误。"

"懂得分享的人生最快乐"
——激励孩子学会分享

琳琳正读小学五年级，平时回到家后总是有说有笑的，可有一天，她却显得闷闷不乐，妈妈见了，忙问："宝贝，今天怎么了？感觉你有些不开心啊！"

"我的好朋友何晴准备参加学校举行的舞蹈比赛，这次她选的舞蹈是西部牛仔舞，想借一下我的皮靴上台表演。可是，这双靴子是美国的姑妈送给我的生日礼物，平时我也不舍得穿。现在阿琳开口向我借靴子，而且是要到舞台上蹦蹦跳跳的，要是弄坏了，怎么办？那可是有钱也买不到的呀！"停顿了一会儿之后，琳琳继续说："可是，我和何晴是很好的朋友啊，妈妈，你觉得我应该借给她吗？要是弄坏了，怎么办？"

妈妈没有正面回答女儿的问题，她笑着说："别人也借给你东西吧？那次，何晴还把最喜欢的芭比娃娃借给你玩了好一阵子呢。你还记得吗？"

琳琳听了，脸红了起来，说道："对呀，阿琳对我可是从来不吝啬的，我太小气了。"

看到孩子的表情,妈妈继续说:"懂得分享,人生往往更加快乐,所以,越珍贵的东西,越要懂得与人分享。"

听完妈妈的话,小晴立刻给阿琳打电话了:"靴子我明天就给你拿去,你可要好好比赛,争取得第一名……"

>>> **有话要说**

懂得分享是赢得幸福的重要方式之一。生活需要分享,快乐和痛苦都需要有人分享。不懂得分享的人,往往难以体会到与人互惠互济、甘甜与共的幸福,甚至还会影响健全人格的发展,所以,在家庭教育中,父母应该逐步引导孩子学会与人分享,培养其良好品格,上述例子中的琳琳妈妈就做得很好。

人的心理其实是很微妙的,当得到别人的好处或好意后,总想以相同的程度回报别人。这种心理叫作"互惠心理"。这是人类社会中根深蒂固的一个行为准则。

曾经一位心理学教授做过一个小小的实验,证明了人们这种普遍心理。他随机选择了一群素不相识的人,给他们寄去了圣诞卡片。虽然他也估计会有一些回音,却没有想到大部分收到卡片的人,都给他回了一张,尽管他们互不相识。通过对于实验结果的分析,心理学家得出了这样的结论:人们之间存在着一种"互惠"的心理,人们普遍认为应该尽量以相同的方式回报他人为我们所做的一切。如果别人帮了我们,我们也应该帮他一次;如果别人送给我们圣诞礼物,我们也应该送他一份。

现在一些父母宁肯亏了自己也不愿怠慢自己的孩子,不仅把最好的东西给孩子,还害怕孩子在外面被人占便宜,于是经常教育孩子不要和小朋友分享好东西,如教育自己的孩子"不要把你的好玩具拿去学校,大家一起玩会弄坏的""你要保管好自己的东西,不要总是借给同学,别人要用的话,叫他自己买"等,表面上看,父母是在为自己的孩子着想,不让孩子眼前的利益受损,实际上却是在危害孩子的健康成长。从小听从类似话语长大的孩子,自然不会是一个大方豁达的人,甚至会变成自私自利、不关心别人的冷血儿,而坏的品行一旦形成,想要改变是极其困难的。

父母应该趁早培养孩子与别人分享的品格,引导孩子学会与人分享,体会分享的快乐。首先,要教育好孩子,父母首先要让自己成为一个喜欢与别人分享的人,孩子会通过父母的行为认识到分享是一件应该的事。其次,父母要学会与孩子分享,坦然地分享,成为与孩子分享的伙伴,比如分享零食、分享快乐、分享想法,不要因为疼爱孩子而把所有好的都给他,让他觉得父母为自己是应该的,亲人是不用与之分享好东西的。另外,父母还要经常告诉孩子"越是珍贵的东西,越要懂得与朋友分享。"长期输送这样的价值观,会让孩子潜意识里形成正确的分享观,克制住自私自利的本性。

>>> **语言演练场**

哲明的父母都受过良好的教育,对于孩子的期待很高,对孩子的要求也十分严格,所以平时非常关心孩子的学习和成长,在父母的教育和监督下,哲明向来学习努力,成绩一直在班级名列前茅,因此，哲明显得非常自信。可有一天，他却垂头丧气地回到家。

爸爸见状，忙问："儿子，你是怎么了？平时你可很少这样。"

"今天有些郁闷，因为很多同学都说我自私。我不就是没有把上次妈妈给我买的复习真题和自己整理的考试资料借给他们看吗？上次的语文测验中就有不少题目与这本练习册里面的题型相似，所以我考得很好，同学们知道了之后都想问我借看。可是，我可不想借给他们。"

面对这种场景，你可能会这么对孩子说：

✗ "是的，为了保持你的成绩优势，还是不借为好，再说，他们想看，不会自己买啊？"

会"说话"的父母这样说：

✓ "孩子，爸爸知道你不想借的原因，是害怕别人看了资料之后超过你。可是，相比于成绩，学会与人分享或许是更好的选择，这样你才能感受到更多的快乐。何况，和同学分享了之后，也不一定会影响到你的成绩排名啊！"

"为人要常怀感激之心"
——和孩子一起学习感恩

在力波的父母看来，父母的责任不仅是让孩子拥有一个健康的体魄和激励孩子好好学习上进，更重要的是让孩子学会做人，培养孩子的良好品格,所以他们平时十分注重对孩子的教育,其中感恩教育就是力波父母非常重视的一个方面。

在力波还小的时候,一天,全家人正聚在一起吃晚饭。

"力波,你知道米是从哪里来的吗?"爸爸问到。

"是从厨房里来的。"

"那厨房里的米又是从哪里来的呢?"

"是从超市里买来的。"

"那超市里的米又是从哪里来的呢?"

"从加工厂里来的。"

"加工厂怎样才能得到米呢?"

"农民种出来的。"

"是的"爸爸继续说到,"农民伯伯首先要把粮食种出来,然后再由加工厂里的叔叔把这些米脱皮加工,然后再送到市场,爸爸妈妈再从市场把这些米买来,做熟了,才是你现在吃的米饭。"

从这之后,力波明白了,这小小的一碗米饭,是无数人辛劳的结晶,所以在每次吃饭时他总是心怀感恩之心。而且经过父母的进一步教育,力波还由此生发开来,想到了生活中许许多多应该感恩的人和事。

>>> 有话要说

现在的生活条件好了,不少父母都把孩子当作家里的小皇帝、掌上明珠一样宠爱,不忍心让孩子吃一点点苦,受一点点委屈,而祖辈们对孩子更是百依百顺、有求必应,在这样的环境中长大,不少孩子认为父母的付出是理所当然,根本意识不到这是父母的恩情,更不要说有感恩心了。

家庭是一个小团体,而社会则是一个大集体,如果孩子没有一颗感恩的心,就看不到别人的付出,不仅视父母对他们的关爱为理所当然,而且对他人给予的帮助也满不在乎,这样的孩子人格是很不健全的,将来在为人处事方面也会遇到诸多问题。上述例子中的力波父母就清醒地意识到了培养孩子感恩之心的重要性,并能抓住教育的时机,告诉孩子即便是很微不足道的东西也是要经过多少人的努力才能换来的。在这样的引导和教育下,力波不仅学会了感谢爸爸妈妈做饭给他吃,还会感激所有参与劳动的叔叔阿姨。

知恩感恩是中华民族的传统美德之一,也是孩子健康成长、收获成功的重要条件之一。缺乏感恩意识的孩子,无论他的能力多么出色,都难以成为真正意义上的强者,因为社会难以接受和认可不知道感恩的人。父母要想把自己的孩子造就成为一个人才,必须培养他们的感恩意识,感恩父母、感恩社会、感恩大自然,感恩每一个人。

首先,父母应该为孩子做好榜样,平时可以加强对孩子的感恩教育。身教的力量远远大于言教,有怎样的父母就会培养出怎样的孩子,想要孩子学会感恩,父母应该以身作则,自己先懂得感恩,并在平时的生活中熏陶和引导孩子。无数事实证明,那些尊重和孝敬老人的父母更能培养出懂得感激长辈的养育之恩的孩子，那些时刻心怀感恩之心的父母更能教导出有爱心、懂得关怀和感激别人的孩子。

其次，父母应该给孩子以成长的机会和回报的空间，多多肯定和鼓励孩子的感恩行为。父母的引导和鼓励是孩子成长的良药，父母的肯定和表扬能强化孩子的良好行为习惯，想让孩子懂得感恩，父母应该多多发挥这些手段的作用，比如，当孩子想要帮助你做事情的时候，父母一定不要再说你把书读好就行了，而应该表示感谢并支持孩子的行为；当孩子践行感恩，积极帮助别人的时候，父母应该表扬孩子的行为，让孩子在帮助别人的过程中体会感恩的快乐；平时生活中，父母可以经常告诉孩子，要永远记住帮助过你的人，更重要的是要像他们一样，在别人需要帮助的时候，挺身而出；等等。

>>> **语言演练场**

任辉是老师和同学们眼中的好学生，他不仅学习成绩优秀，而且其他各方面的能力也都很强，可是，他在家里的表现就没有这么好了。在家里，父母对他呵护备至，爷爷奶奶更是像对待"小皇帝"一样伺候他，他也因此变得任性，经常无理取闹。

一天，他和奶奶刚从超市购物回来，奶奶手里拎着大包小包的东西，可他却两手空空地走着，进到屋里，他也没有帮奶奶接一下东西，就自个儿坐下喝起饮料来，奶奶却在一旁累得直喘气。

这一情景正好被刚下班的妈妈看到了。

面对这种场景,你可能会这么对孩子说:

✗ "怎么整天就知道出去玩,还不快去写作业。"

会"说话"的父母这样说:

✓ "辉辉,奶奶年纪大了,而你是个男子汉,你跟她一起去购物怎么也不帮忙啊。奶奶养育了爸爸,现在又把你照顾得这么好,好孩子应该学会感恩!"

"你很聪明,可以自己先想想"
——鼓励孩子学会思考

陈迅从小跟着爷爷奶奶生活在乡下,两位老人将她视为掌上明珠,像对待公主一样照顾着她,什么事情总是先为她考虑,什么活儿也不让她干,甚至遇到事情都不用她动脑筋,爷爷奶奶都为她想好了。后来,陈迅被爸爸妈妈接来城里一起生活,由于已经对大人依赖惯了,陈迅凡事都喜欢有人代劳,自己遇到事情不喜欢思考。

"妈妈,老师布置我们写一篇参观游记,可我不知道从哪着手,怎么办?"

"妈妈,周末的兴趣班九点开始,我应该什么时候起床,什么时候出发啊?"

"爸爸,我又遇到麻烦了,您帮我想一下吧。"

……

每天，陈迅都会提出各种各样的问题，希望爸爸妈妈能帮助他解决，可是父母却不希望孩子这样，他们想要孩子学会独立思考和应对问题，所以就总是鼓励孩子说："宝贝，你很聪明，自己想想你就会有主意了！""你是个机灵懂事的孩子，自己的事情自己拿主意吧，我相信你的判断能力！"起初，陈迅很不喜欢父母的这些做法，可后来，她渐渐习惯了，遇事学会了不再依赖大人，而是自己思考和拿主意。

>>> **有话要说**

独立思考的能力是一个孩子走向成功最重要的品质，也是成功人士的必备素质。许多教育学家都认为，无论是在家庭教育还是学校中，都应该充分重视培养孩子的独立思考能力，因为它往往比学习和掌握知识更重要。

想要帮助孩子茁壮成长，引导孩子迈向成功，父母应该学会引导孩子学会独立思考和独立处事，针对孩子日常碰到的一些问题帮助他思考，启发他通过思考了解周围的复杂的世界，帮助孩子掌握一些科学的思维方法。具体来说，父母可以多多注意如下方面：

1. 创造家庭思考环境。

孩子良好习惯的养成与家庭环境密切相关，想要引导孩子学会独立思考，父母可以从创建良好的家庭环境入手，让孩子在熏陶和引导中学会自觉思考问题。如父母可以通过给孩子朗诵诗词、讲解故事等方式引起孩子的兴趣，然后针对作品中的一些情境和问题向孩子提问，鼓励孩子自己思考。另外，父母在日常生活中还可以在与孩子看电视、陪孩子交流和游戏、带领孩子外出参观和游玩等的时候，抓住时机多向孩子提问、多鼓励孩子思考，以此激活孩子的头脑，帮助孩子培养边学习边思考、边游戏边思考的良好习惯。

2. 做父母的应该学会打破传统观念，多多学习新知识，平时要鼓励孩子遇事多动动脑筋，多问几个"为什么"。

人类处于不断进步的过程中，知识也是在不断更新的，父母不仅要关心孩子的学习，自己更是要不断汲取新知识，跟上时代的步伐。在教育孩子的过程中，父母应该意识到，孩子们很少受传统观念的束缚，更倾向于对"从来如此"的事情提出质疑，此时父母要做的不是呵斥和指责孩子的行为，而应该鼓励孩子始终保持大胆质疑、勤奋探索的习惯，让孩子学会自己开动脑筋去思索和解答。独立思考是一个人成功的最重要、最基本的心理品质，让孩子从小培养这种习惯对于其以后的成长将是非常有利的。

善于思考会让一个人的生活和工作更加丰富多彩，会令一个人更容易收获成功，它是孩子健康成长中不可或缺的，父母一定要好好引导和教育，帮助孩子培养这一良好习惯。

>>> **语言演练场**

西丽是一个乖巧伶俐的孩子，可就是被长辈们惯坏了，遇到事情总是希望能得到别人的帮助，自己不喜欢动脑筋思考，依赖心理特别强。

有一天放学后，她在写数学作业的时候被一道数学题难住了,不知道该如何解答,就对在厨房的妈妈嚷道:"妈妈,妈妈,您快过来看看,这道题目这么难,我怎么也不会啊!"

妈妈听了,赶紧放下手中的活儿,跑到西丽的书桌前,问:"怎么了,女儿,什么难题?"

"您看看这道题目,我不会啊!"

妈妈仔细一看,发现这道题其实很简单,如果女儿稍微思考一下,应该就可以自己解决了。

面对这种场景,你可能会这么对孩子说:

✗ "这么简单的题目都不会,你看着,妈妈给你解答,你把妈妈解答的过程抄下来就好了。"

会"说话"的父母这样说:

✓ "宝贝,你很聪明,再动动脑筋,相信你一定能消灭这只'拦路虎',妈妈现在一旁看着你的解答,一会儿实在不会,妈妈再出手帮忙!"

"瞧,我家孩子多棒啊"
——赞扬要大声

燕姿今年读小学五年级了,因为是家中的独女,长辈们宠爱有加,所以从小到大,她都没有做过什么家务活,就连自己的袜子基本都是妈妈帮洗的。可上了五年级之后,她发现自己周围的同学基本都能自己料理家务了，不免觉得有些惭愧，于是决定改变。一个周末，妈妈请了自己的几个好同事到家中来做客。上午时，妈妈忙着打扫卫生，燕姿自觉地给妈妈帮忙，在客人们吃完饭后，燕姿也主动帮忙干活。

"妈妈，您陪客人们聊天吧，收拾桌子、洗碗这类的活就交给我了。"燕姿说。

"哦，可是你以前……"妈妈有些诧异，但看到燕姿的表情，忙改口说："好，真懂事！"

"我们家孩子真是长大了，越来越能干了，今早还帮我打扫卫生来着，而且做得很棒！"听到妈妈在这么多阿姨面前赞扬自己，燕姿的心里美极了，虽然她以前很少干家务，这次却干得非常认真。

>>> **有话要说**

中国的很多家长在教育和表扬孩子的时候向来都比较委婉含蓄，即使孩子表现得很好的时候，不少家长也不习惯当众表扬孩子，他们认为这样做还让孩子变得骄傲自满，从而放弃努力，其实未必如此。世界上的每一个人都渴望能给别人留下一个美好的印象，希望自己在别人的眼中是优秀的、出色的，希望自己的努力能得到别人的认可和尊重，所以，对于每一个人而言，被表扬是一件愉快的事情，而当众被表扬，则会让一个人的幸福感加倍，而且在人越多的场合，个人的成就感和自豪感就越强烈。

孩子的心理需求和大人是一样的，甚至比大人更强烈。如果能在人多的场合受到大声的表扬，看到自己的表现和能力得到别人的认可，孩子往往会觉得特别有面子，自信心和自豪感也会突增，从而更加卖力地表现。上述例子中的燕姿妈妈就深谙这个道理，她善于在众人面前表扬自己的女儿，因此极大地激发了其办事热情。

进行赏识教育是父母帮助孩子成长、激励孩子进步的方式，而在这个过程中，如果父母能大声地表扬孩子，甚至让周围的人都能听到，这往往比私下对孩子说出鼓励和赞美的话更有效，甚至比物质奖励更能激发孩子的积极性和主动性，因而，在教育孩子时，父母不妨多运用这一方式。具体来说，当孩子有好的表现，取得了成绩的时候，父母不妨多大声地对孩子说"你真棒""真是个懂事的孩子""我发现你比以前进步多了"，也当着众人的面夸夸孩子的优秀表现，具体点出孩子在哪些方面表现得很出色，并做出适当而中肯的评价，父母的这些语言也许就可能成为孩子成长的助推剂，促使孩子不断进步。

>>> **语言演练场**

周末的时候，千千跟着妈妈及几位阿姨一起去逛街。一路上，千千独自走在前面，妈妈和几位阿姨在后面边聊天边走。刚走到商场门口时，眼尖的千千发现自己不远处的地上躺着一个黑色的钱包，于是她往前走了几步，将钱包捡了起来，然后打开看了看，发现里面有不少钱。

"妈妈,我捡到一个钱包,里面有很多钱。"

"哦,给妈妈看看。"妈妈接过钱包后仔细地看了看,发现里面有几百元钱和几张银行卡。

"妈妈,有人丢了钱,一定很着急,我们在这儿等着失主回来把。"

面对这种场景,你可能会这么对孩子说:

✗ "捡到的东西,不要白不要。何况,咱们还要去逛街,没时间等。"

会"说话"的父母这样说:

✓ "嗯,你说得对!做人应该拾金不昧,我们家孩子真诚实,值得表扬!"

"太好了,再来一遍"
—— 表扬也要趁热打铁

笑笑身上有着多数独生子女惯有的毛病——娇气、不爱劳动。虽然已经上初中了,可笑笑平时的生活起居一般都是妈妈料理的,家务事也通常由爸爸妈妈分担,笑笑从不过问。今年,眼见着妈妈的生日就要到了,笑笑想给妈妈送一份特别的礼物,想了很久,她决定在妈妈生日的那天承担家里的全部家务,以让妈妈多休息一下。

妈妈生日的当天正好是周末,可妈妈要加班。笑笑在家先是把家里所有的衣服都用洗衣机洗干净了晾好,之后又把家里收拾得很整洁,然后把地板打扫得干干净净……做完这一切后,她已经累得筋疲力尽,此时正好妈妈回来了。

"妈妈,您有没有觉得家里有什么变化?"笑笑急切地问妈妈,想得到妈妈的表扬。

"好像没什么啊!"妈妈环顾了一下四周。"哦,家里显得宽敞整洁了一些,地板也干净了。"

笑笑还等着妈妈继续说完,之后称赞和表扬一下自己,谁知妈妈却放下包又去电脑前忙去了。笑笑觉得很泄气,劳动的热情严重受挫。虽然吃晚饭时妈妈也就此表扬了笑笑,但笑笑一点感觉也没有了。

>>> **有话要说**

在教育孩子的过程中,一些父母常常会犯这样的错误:当孩子表现良好,取得了一定的成绩和进步时,没有及时地表扬孩子,或者是忘记了夸奖孩子,或者是很久之后想起来称赞孩子,这其实都错失了最佳的教育机会,对于鼓励孩子继续好好表现,保持办事热情很不利。上述例子中笑笑的妈妈就犯了这样的错误,她虽然在事后也表扬了笑笑,但由于已经过了很久,笑笑的热情已经降温,所以妈妈的表扬根本就没有满足笑笑的期待心理,并没有多大的成效。

在家庭教育中,父母不仅要学会称赞和表扬自己的孩子,还应该打铁趁热，及时进行表扬。因为当孩子表现良好，做出了成绩，或者取得进步的时候，十分希望得到肯定和赞许，此时孩子几乎将所有的精力和期待都放在了这件事情上，其所有的兴奋点也全部集中在这件事情上，父母此时趁热打铁，给以称赞，孩子的成就感就能最大限度地得到满足，从而巩固孩子的良好行为，增强孩子的办事热情。相反，如果没能得到及时的表扬，孩子就会失望，主动性会受到打击，以后也不会积极努力了。

为了使表扬教育更有效，父母在平时应该注意：

1. 父母对孩子提出表扬，最好在良好行为之后进行，而不是事先许诺，从而增强孩子良好行为发生的自觉性。在孩子有好的成绩和表现之后进行表扬，能使孩子体会到这样做的结果，感受到被认可的喜悦，也能强化孩子的良好行为，促使其继续保持和发扬，不断进步。

2. 父母表扬孩子时一定要及时。俗话说："打铁趁热"，对于孩子的表扬也是如此。在孩子的心目中，事情的因果关系是紧密联系在一起的，及时的表扬犹如生病及时服药一样，对孩子会产生很大的作用，不及时的表扬是没有多大教育效果的。所以，在教育孩子时，对他们身上的那些值得表扬和应该表扬的方面，父母应该及时进行表扬。

>>> **语言演练场**

萌萌所在的班级最近兴起了一股学习中国古典乐器的热潮，在好朋友的怂恿下，萌萌也报了一个古筝兴趣班。可由于古筝本来就很难学，再加上萌萌以前从没接触过，所以学了很久也没有什么进展，不是弹奏起来太杂音就是音根本不准，更别说能连贯地弹奏了。

一天，她正在家练习弹奏，突然找到了些感觉，自我感觉比以前进步了一些，于是就想让妈妈听听。

"妈妈，您过来听听我的古筝弹奏吧，我自己觉得有进步了。"萌萌大声对妈妈说。

面对这种场景，你可能会这么对孩子说：

✗ "我现在正忙呢，好像也没有什么特别的感觉。等我忙完后再仔细听听。"

会"说话"的父母这样说：

✓ "嗯，的确是有些进步了，起码弹奏的音都准确到位，而且也有些连贯了。"

第三章

唤醒潜能：
父母的每一句话，会渐渐变成孩子未来的模样

"已经做得很好了"
——多一些鼓励，少一些指责

宏宏虽然年纪还不大，但动手能力比同龄的孩子要强很多。他对于拆装小电器、搞一些小发明制作十分感兴趣，当家里的电器坏了时，他总是想尝试着自己修理，在业余时间，他还会将原来买的玩具进行重新组装，进行新的设计，但有时候也难免无意中做了坏事。有一天，家里的电脑出了点故障，他又主动来修，谁知不但没有修好，而且弄得电脑都开不了机了。

"你这孩子，总是自以为是，就你那点电脑知识，就想修好电脑了？现在彻底坏了，你说怎么办？"一看宏宏把电脑修坏了，妈妈大发雷霆。之后，妈妈不断地责备着宏宏，宏宏心中很不是滋味，也有些恼火了。

爸爸看到这种情景，并没有责怪宏宏，而是对他说："虽然你今天没能把电脑修好，还将情况弄得更糟了，但你敢想敢做，动手能力很强，爸爸还是很高兴的。以后只要努力多学点电脑知识，应该会有进步的，爸爸相信你！"宏宏觉得爸爸说得很有道理，而且马上意识到了自己的错误和不足，并决心以后好好学习，提高能力。

>>> **有话要说**

在宏宏好心办了坏事之后，宏宏的爸爸妈妈选择了两种不同的说话方式，导致的结果是完全不同的。在妈妈的指责下，宏宏觉得非常委屈，乃至表现出了反感情绪，而听完爸爸的鼓励，宏宏觉得很受用，激起了继续努力的热情。

父母是孩子的第一任老师，要想在教育孩子的过程中获得好结果，教育方式很重要，尤其是在语言教育方面，相似的意思，用孩子能接受的语言来说比指责和批评往往能更有成效。而在孩子不小心做了错事，感觉受挫的情况下，适当地鼓励和安慰当然比严厉指责来得有效。

著名心理学家鲁道夫·德雷克斯认为鼓励在孩子的成长中有着举足轻重的作用，他曾经说过这样一句名言："孩子需要鼓励，正如植物需要水分。"的确，鼓励能传递给孩子以爱的信息，让他们在受挫的时候仍能看到自己的优势，保持自信；鼓励能使孩子意识到自己的价值，不丧失斗志；鼓励孩子能帮助孩子走出困境，在任何情况下保持积极乐观的心态，不断进步。

鼓励和表扬一样，都是帮助孩子积极进取、不断成长的良药，所以，如果孩子表现好或者有了进步之后，父母不妨多进行适当的表扬，而当孩子表现不佳的时候，父母也应该多给予鼓励，少一些指责和批评。具体来说，在教育孩子时父母需要注意如下几点：

首先，要正确认识孩子的能力，摆正对孩子的期待。父母应该意识到，孩子的能力是有限的，孩子的思想和行为也不成熟，他们难免会犯错，会出现问题，此时父母应该体谅孩子，多多鼓励和帮助，帮助孩子改进。

其次，当孩子遇到问题需要鼓励时，父母可以试着多用"你觉得……怎么样？""人人都会有失败的时候，只要坚持努力，你会成功的！""你需要帮助吗？""我知道你已经尽力了。"等语句来安慰和鼓励孩子，让孩子的情绪得到平复，也令其保持继续进取的斗志和热情。

再次，父母对于孩子的鼓励应该是有针对性的，最主要的是要让孩子感受到父母的关心和爱护，意识到无论出现什么问题，父母都会站在他的身边、支持并帮助他。

父母在孩子的成长过程中扮演着重要的角色，如果父母能在平时对孩子多一些关心和鼓励，少一些指责，孩子的健康成长将有更好的保障。

>>> **语言演练场**

芝兰小学时学习成绩一直很好，经常在年级名列前茅，老师说她如果正常发挥肯定能考上一个好的中学，父母也对她寄予了厚望。谁知，在小学升初中的考试中，她因为身体不适，而且心情紧张而发挥失常，成绩不尽如人意。在知道考试成绩之后，她心情沮丧地回到家。

"兰兰，成绩出来了吗？考得怎样？"刚进家门，妈妈急忙问。

"嗯，那个……"

"怎么吞吞吐吐的，说啊！"

"我这次没有考好，因为考试的时候我感冒了，而且也比较紧张……"

面对这种场景，你可能会这么对孩子说：

✕ "怎么？没考好，意思是说重点中学没有指望了！你平时那么努力，怎么能在这个关键时刻掉链子呢？"

会"说话"的父母这样答：

✓ "来，给妈妈看看。这次考试虽然很重要，但也不是生死攸关的，没考好也不意味着什么，你以前的基础好，在哪个学校都是一样的，不要太伤心了，只要你以后继续努力，还是大有前途的。"

"说说你的意见"
——鼓励孩子说出内心的想法

宁军今年刚上初一，他是一个活泼好动的男孩，课余时间特别喜欢体育运动，尤其是踢足球，可他的父亲认为孩子踢球会耽误学习，所以时时敦促他好好学习。

有一天，宁军和几个伙伴踢球，回家稍微有些晚了，他害怕挨骂，就拖着朋友一起回家。爸爸看到他的第一句话就是"成绩不怎么行，玩起来倒是很有劲。看你将来怎么考大学。"

爸爸的这番话让孩子觉得很没有面子，他争辩到："爸爸，我今天的作业都完成了。我们很久没有痛快踢球了，今天破例晚一点，您也不用这么生气吧。"

"今天破例明天破例，以后就不用学习了。我生气还不是为你好。你还敢在外人面前跟我顶嘴，翅膀硬了是不是？都不知道你以后想怎样？"

"爸爸，你根本就不知道我在想什么……"爸爸的一番话让男孩闭口不言了，伙伴也无趣地回家去了。

>>> **有话要说**

孩子有自己喜欢的娱乐活动，这本来是再正常不过的事情，但是家长却认为这是不务正业，必定玩物丧志，因而不由分说地对孩子大加责备。此时，孩子已经表明自己是以学业为主，是在做好作业之后才去踢球的，但是父亲却因为反感孩子顶嘴，完全不顾及孩子内心的想法就断定他是在动摇自己的家长权威，因此引发了父子之间的矛盾。

其实，这种情况在我们的生活中并不少见，一些父母很少考虑孩子的想法，总是要求孩子按照自己的意思去做，一旦孩子有异议就认为孩子是在"顶嘴"，长期处于这种教育之下的孩子，怎么可能有较强的独立意识和思考能力呢？

在家庭教育中，父母应该尊重孩子的独立性，允许孩子有不同的观点和看法，并鼓励孩子说出自己的想法，甚至当孩子的观点与自己有冲突时，还可以鼓励孩子与自己争辩。要知道这是一个说服的时代，而并非顺从的时代，培养一个会说话的孩子比培养一个会听话的孩子更重要,孩子说出自己想法的时候实际上也是其思考和加深对周围事物理解的过程,而孩子能与父母争辩则意味着其自我意识的不断增强和心智的日益成熟。

作为家长应该明白,虽然孩子的思想不能在一夜之间就变成熟,但他们有朝一日也会成为父亲或母亲,生儿育女、工作养家,其精神和意识都是独立的。在孩子成长的过程中,他们渴望说出自己的想法,有时也难免会与父母争论,父母最好能做到如下几点:

首先,是要理解和尊重孩子,在遇到问题时,应该多鼓励孩子说出自己的想法,千万不要武断地下结论,不容分说就责怪孩子没有按照自己意思办事。只有在了解了孩子的想法之后,父母才能更好地找到问题的症结,从而解决问题。

其次,父母应该仔细聆听孩子的意见,允许孩子有不同的意见,就算孩子错了也宽容一些。勇敢地说出自己的想法是孩子走向成熟的重要步骤,孩子这样做的时候,表明他在组织语言表达自己的观点,并要分析对方的观点,找到破绽加以辩驳,这对于促进孩子的脑部发育是很有帮助的。父母此时所要做的应该是鼓励和帮助他们,因为孩子这样做并不是不尊重父母的表现,既然真理只会越辩越明,父母又何须担心自己的威严会在争辩中消失呢?

>>> **语言演练场**

安儿是一个听话懂事的孩子,各方面的表现都很不错,就是有些沉默寡言,虽然她很有想法和主见,但很多事情都喜欢闷在心里,而一旦父母和朋友做事不怎么符合自己的想法,她又会闹脾气。一个周末,她非常想去少年宫看书画展,可妈妈却想带着她去姑妈家做客。她觉得自己前几天已经跟妈妈说过这件事了,妈妈一定记得,现在妈妈这样做是故意跟自己"唱反调",所以安儿不高兴了。

"安儿,快点,我已经跟姑妈说了,她在家一定等急了。"

"妈妈,可是……您忘记了吗?"

面对这种场景,你可能会这么对孩子说:

✗ "你这孩子,怎么这么磨磨蹭蹭,真不让人省心。"

会"说话"的父母这样说:

✓ "孩子,你想说什么?你是不是有什么意见,或者有自己的想法,说出来听听。"

"相信你一定能行"
——积极的暗示帮助孩子成长

木木是家中的独子,而且妈妈当年为了生他而受了不少罪,花了很多钱才保住了他的小命,所以家人从小到大都对他呵护备至。上到小学四年级后,父母发现,虽然木木在学习上不怎么偷懒,可学习成绩却一直上不去,他们想了很多办法都没能帮助木木进步，于是木木妈不自觉地想到了自己不顺利的分娩经历，认为孩子可能是出生时脑部神经就受到了损伤，只是以前没有发现。

在一次测验后，看到木木的语文成绩，木木妈说："唉，你怎么又考这么差啊，也许真的是智力有问题。"

"是的，我也知道，我脑子有问题，所以成绩才一直不好。您以前跟我说了。当年您生我的时候难产，我差点没命，做了手术才保住小命，医生说我的智力也会受到影响。"

"唉，以前就觉得你笨，没想到真是这个原因。明天带你去医院检查一下好了。"

第二天，木木妈就带着木木到医院进行了智力测试，没想到木木根本不存在智力低下的问题。看到这样的结果，木木和妈妈都纳闷了，这究竟是怎么回事呢？

>>> **有话要说**

心理学家告诉我们：父母若以正面的信念期望孩子能成为什么，将来孩子就会成为什么。父母对孩子的期待与评价经常会在言语及日常生活中有意无意地显现出来。积极正面的期待会使孩子感受到爱与支持，从而充满自信，生气蓬勃；相反的，负面的、消极的评价会使孩子失去信心与发展机会。

暗示会产生非同一般的效果。曾有心理学家做过这样一个实验：由两位水平相当的教师分别给两组学生教授相同的内容，所不同的是，其中一位教师被告知："你很幸运，你的学生天资聪颖。然而,值得提醒的是,正因为如此,他们才试图捉弄你。他们中有的人很懒,并将要求你少布置作业。别听他们的话,只要你给他们布置作业,他们就能完成。你也不必担心题目太难。如果你帮助他们树立信心,同时倾注真诚的爱,他们将可能解决最棘手的问题。"另一位教师则被告知:"你的学生智力一般,他们既不太聪明也不太笨,他们具有一般的智商和能力,所以我们期待着一般的结果。"在该学年年底,实验结果表明,"聪明"组学生的成绩明显优于"一般"组学生的成绩。

其实,在被试者中根本没有所谓"聪明"的学生,两组被试的全都是一般学生,唯一的区别就在于教师对学生的认知不同,导致了对他们的期望心理也不同,从而以不同的方式对待他们。其中一位教师把这些一般的学生看作天才儿童,因而就把他们作为天才儿童来施教,并期望他们像天才儿童一样出色地完成作业。正是这种特殊的对待方式,使得一般学生有了突出的进步。

法国有句谚语说:"自以为是鼠辈的人定被他人轻视、欺侮。"这从一个侧面反映了"心理暗示"给人带来的影响。经常性地给孩子一些积极而正面的"心理暗示",孩子一旦沐浴在自信的光晕之中,将产生无比巨大的推动力,一步步向更高的人生台阶迈进。

>>> **语言演练场**

王全是一名初一的学生,他聪明伶俐,资质不错,可就是生活太过于懒散,好像天塌下来他都无动于衷。他几乎每天上早读课都会迟到，有时还会欠交作业，在劳动卫生方面也很不积极。后来，经过老师的屡次教育，他决定改变。

一天，他看到家里的地板脏了，于是就拿起扫帚，对妈妈说："妈，今天我来打扫卫生。"

妈妈觉得十分诧异，因为王全以前可从没主动打扫过卫生，他的房间总是又脏又乱，很多果皮、包装袋都等着妈妈来清理。

面对这种场景，你的回答可能是：

✗ "太阳打西边出来了，你是在跟我开玩笑的吧，肯定不会做。"

会"说话"的父母这样说：

✓ "你能为父母分担家务，我很高兴，我觉得你一定能做好的！"

"你也很优秀"
——发挥鼓励的神奇作用

罗尔是一个非常调皮的小学生，他从小就特别贪玩，上课时经常说话、吃零食，走动位置，课间时候还喜欢欺负同学，放学后也经常闯祸，他的老师和同学因此而很不喜欢他，家人也经常对着他唉声叹气，认为他是一个很难调教的孩子，只有妈妈不这么想，她一直认为自己的孩子也是一个天才，只是他的潜能现在还处于"沉睡"状态。

"妈妈,怎么其他人都不喜欢我?"罗尔问妈妈。

"因为你是个调皮的小天使,你太活泼了,有时候没有想到别人的感受。"妈妈说。

"上次老师说我没药可救了……"

"不,那不是真的,你也很优秀,你以后会慢慢进步的,越来越优秀的,也许还能成为一个大科学家呢。"

小罗尔并没有完全听明白妈妈的话,但他记下了妈妈的话,并且相信了它,此后,"你也很优秀"一直像一面旗帜一样激励着他,他逐渐改正了原来的很多缺点,人也上进了不少。

>>> 有话要说

美国著名的教育专家卡尔·威特曾经说过"每个孩子都是天才"。心理学的研究成果也表明,在0~4岁的儿童中间,弱智儿童仅占到1.07%,而超常儿童则在0.03%以上。也就是说,98%的孩子都不存在智力问题,而是爱学不爱学、会学不会学的问题。这也就是说,在孩子的培养上,智力问题并不是障碍,关键是孩子教育方法的问题,只要教育方法正确,普通孩子也会成为不平凡的人。

只有坚信自己的孩子是最优秀的,承认孩子的优点,对他的未来充满信心,给他积极的暗示,父母才有可能真正培养出优秀的孩子。如果自己的孩子与别人的孩子在某一方面相比成绩平平,甚至远远不如别人的孩子,即便是在这个时候,我们也要坚信自己的孩子在另外一些方面也一定有他的过人之处,只是现在还没有表现的机会而已。作为家长我们可以仔细观察孩子闪光的一面,肯定孩子存在的优点。

其次,经常以"你也很优秀"来鼓励孩子并不是要求父母将自己的孩子拔高,盲目地夸奖孩子,而是希望父母能在家庭教育中多给孩子以鼓励,恰到好处地夸奖孩子。卡尔·威特在《卡尔·威特的教育》一书中认为家长教育孩子最重要的方法是"鼓励孩子去相信自己",只有当孩子对自己充满了信心,父母才能够培养出优秀的人才。而孩子对于自己的信心来源于"父母有效地夸奖和鼓励",这种有效的夸奖和鼓励能够给孩子带来自信但却又不至于让孩子变得骄傲。

另外,父母以"你也很优秀"这样的话语鼓励和引导孩子实际上也是对孩子信任、关爱与支持的表达,在这样的氛围中,孩子才能变得更自信,更加充满朝气,从而不断进步和成长。

>>> **语言演练场**

小基的学习成绩中等偏下,其他各方面的表现也很一般,在班级中很不显眼,似乎一不小心就会被老师和同学们遗忘了。在新学期刚开学,老师就宣布全班要重新调整座位,因为小基个子比较高,而且其他方面也没有出色表现,老师就将他调到了倒数第二排,他因此而十分郁闷,觉得老师是因为自己学习不好而轻视自己,还剩下的那点学习热情也消失了,还开始变得不遵守纪律。

"听说你最近在学校表现很不好,能跟爸爸说说原因吗?"

"老师看不起我,最近我还被调到了倒数第二排,周围坐的都是差生……"

面对这种场景,你可能会这么对孩子说:

✘ "你的学习本来就不好,怨谁啊!如果你平时好好学,老师也不会这样对你!"

会"说话"的父母这样说:

✓ "你有问过老师原因吗?我可已经问了你们老师,她这次并不是按照成绩来排位置的。你想想,你个子这么高坐后面很正常啊,如果坐前面,可能就挡住后面矮个子的同学了,咱们个高的是不是应该顾及一下别人呢?还有,你一直都是个很优秀的孩子,不管在怎样的环境中,你都能好好表现,而且还能带动同学做好,不是吗?"

"你将来会有出息的"
—— 以鼓励激发孩子的潜能

周婷婷在很小的时候就因为注射了庆大霉素致使双耳失聪,从此成了一名残疾人,她因此而感到非常自卑。幸好她有一位慈祥、深爱她,同时又懂得教育之道的爸爸。周爸爸(周弘)用20余年的时间倾其心血不断鼓励女儿,让婷婷觉得自己并不差,反而比其他的孩子优秀很多。在爸爸的长期赏识和鼓励下，周婷婷的潜能被不断激发，最终成为留美博士生。

在女儿学会说话之后，有次对爸爸说："别的孩子都那么健康活泼，而我却有残疾，很自卑。"

"你是个聪明的孩子，以后会有出息的。"爸爸说。

有一天，周爸爸看《海伦·凯勒传》，无意中发现海伦的生日是1880年6月27日，他女儿的生日是1980年6月27日，于是他兴奋地对女儿说：

"我一直在纳闷，你为什么这么聪明，这么有灵性，原来你百分之百是海伦·凯勒转世！不信你看看你们的生日。"

起初，周婷婷也有所怀疑，但看到爸爸坚定的眼神，在爸爸不懈的鼓舞下，她相信了，并在之后的时光里，以海伦·凯勒的事迹激励自己不断前行，终于创造了一个又一个奇迹。

>>> **有话要说**

正是周爸爸坚信激励和赏识能激发孩子的潜能，并且长期坚持不懈，终于使得女儿成就了精彩，自己也成为有名的教育专家。在总结帮助女儿成才的教育经验中，他认为，从生命科学的角度看，每一个孩子都拥有巨大的潜能，但孩子诞生时都很弱小，好像生活在一个巨人的世界里，在他们成长过程中，难免有自卑情结，这就需要借助于赏识和激励来化解他们的自卑情绪，激发其潜能了。

每一个孩子身上或多或少都有一些将来可以成就大器的潜质，不仅那些聪明伶俐的孩子是这样，那些看起来稍显木讷和愚钝的孩子也是如此。一旦有人将他们的潜质打开，他们便能焕发出无穷的力量。与此同时，几乎每一个孩子都难免会有觉得自卑、感到茫然无助的时候，这些情绪往往会影响孩子能力的施展和潜能的发现，此时父母如果能多欣赏孩子的优点，多激励孩子，让孩子知道父母对他/她的认可和关注，让其体会到成功的喜悦和乐趣，那么。孩子的自卑也许就能很快被抚平，孩子身上的潜能也能很好地激发出来。

哈佛心理学家曾做过这样的实验：选择两组年龄和能力等各方面都差不多的男孩，先让他们一起长跑消耗体能，然后一组接受严厉的批评，另一组进行热烈的称赞和积极的鼓励，随之进行体能检测发现，被批评的那组孩子无精打采，体能处于崩溃状态；而被表扬和激励的那组孩子精力旺盛，体能得到迅速恢复，充满自信。通过这个心理实验，心理学家意在告诉父母：父母应该学会赞美和鼓励自己的孩子，适当地多给孩子一些肯定和表扬，帮助孩子向着健康的方向发展。

现实生活中，以赏识的方式激发孩子的潜能，父母需要做到：

1. 父母应充分意识激励教育的重要性，并在教育实践中积极运用。想要让孩子拥有一个乐观积极的心理，激发孩子的潜能，父母在平时的生活中应该多重视语言激励的功效，多对孩子进行积极的肯定，大声说出孩子的优点。

2. 恰当的赏识和激励是必要的，但切忌过了头。如果总是不断地对一个人进行称赞激励，那时间久了，这个人不仅心理会膨胀，找不准自己的定位，而且也会感到疲劳，从而丧失进取的动力。只有恰当的激励和表扬才能帮助孩子正确地认识自己，不断提高自己，从而不断走向成熟和完善。

俗话说，没有种不好的庄稼，只有不会种庄稼的农民。这句话套用到家庭教育中便是：没有教不好的孩子，只有不会教的父母。如果父母能像勤劳而充满爱心的农夫一样在孩子的成长过程中付出更多的关爱，在孩子取得成绩时能鼓励孩子不断进步，在孩子失意时能激励孩子走出逆境，激发潜能，那么孩子的健康成长将不再是难题。

>>> **语言演练场**

俊辉下学期马上就读初三了，为了考一个好点的高中，他在学习上对自己的要求非常严格，每天总是抓紧时间刻苦地学习。在长期努力之下，他的其他功课都取得了不小的进步，可就是数学成绩，仍旧没有进步，他因此而有些焦虑。尤其是看到班上一些平时没自己学习认真的同学数学成绩却比自己优秀，他不免有些自卑，觉得自己的脑子不好使。

"妈妈，有个问题我一直想不明白？"一天晚饭后，俊辉跟妈妈说。

"有什么问题，说说看。"妈妈答道。

"为什么别人不用花多少时间就能学好数学，而我已经很努力了却没有提高？是不是我有些笨啊？"

面对这种场景，你可能会这么对孩子说：

✗ "也许是,我也觉得你很认真了,可似乎没有进步。"

会"说话"的父母这样说:

✓ "谁说的?你是一个聪明而优秀的孩子。每个人的学习方法都不尽相同,也许平时那些你看起来不努力却学习好的同学是在家里认真学呢!而且,你的数学成绩已经比原来有进步了,如果能坚持,会越来越好的,妈妈相信你将来会有出息的。"

"你还可以表现得更好"
——引导孩子进步

在六年级的第一学年期末,方群因为学习成绩好而且其他各方面的表现良好而受到了老师同学的一致好评,被推选为"三好学生",看着同学们羡慕的眼神,她心里非常高兴,甚至有些飘飘然起来。回到家后,见爸爸正在家看电视,她将自己的奖状和奖品往爸爸的眼前一放,然后高昂着头,说:

"爸爸,这是我这个学期的战利品,我今年考了第一名,而且其他方面也表现得很好,您看,这是'三好学生奖状'。"

"你能取得这样的成绩,爸爸真为你感到骄傲。"

"那是当然啦,我为您争光了吧,每年能得'三好学生'的也就那么几个人,我今年是最受关注的,您该怎么奖励我……"孩子越说越得意,声调也提高了不少。

爸爸觉得方群此时的表现过于骄傲自满了，觉得应该教育和鼓励一下他，便说："取得了这样好的成绩固然值得高兴，但也不能因此而止步不前。你很有潜力。爸爸相信你还可以表现得更好。"在爸爸的提示下，方群意识到了自己的问题，并且决心以更高的目标要求自己。

>>> **有话要说**

每个孩子都可能有不成熟的一面，常常会因为现实的际遇和遭遇的情况而患得患失，或喜或悲，当他们受挫时，会自卑沮丧，当他们取得了一定成绩的时候，也常常会洋洋自得，上述例子中的方群就是该学期取得了很好的成绩而骄傲起来。在这种情况下，如果爸爸只是一味地表扬和称赞孩子，方群的自满情绪可能会更加膨胀，从而阻碍其继续进步，所以爸爸在肯定其成绩的时候也给出了善意的提醒，意在引导孩子再接再厉，继续前进。

好的家长不仅要鼓励和表扬孩子，更应该在孩子遇到问题、需要帮助的时候提醒和引导他们，从而促进孩子的健康成长。具体地说，引导孩子就是在孩子感到茫然无措的时候给他们提建议，在孩子自信心高度膨胀的时候提醒他们，在孩子取得了一定的成绩之后引领其向着更加远大的目标前进，等等。总之，引导孩子的宗旨在于帮助孩子不断进步和成长。

以语言鼓励和引导孩子是引导教育中的重要内容，但引导孩子进步绝不限于语言上说说而已，同样还需要掌握一定的技巧和工具。想要引导孩子进步，父母应该在以下方面多努力：

首先，父母在平时需要多注意自己的言行，多多关心和理解孩子，做好孩子的表率和朋友，创设一个和谐融洽的家庭氛围。只有父母能够自律，并且发自内心的关心和爱护孩子，真正了解孩子的需求和想法，才能拉近亲子之间的距离，也只有在这样的氛围中，当父母批评和引导孩子的时候，孩子才会用心去听，虚心接受。

第二，引导孩子进步需要掌握一定的原则和方法，其中最重要的就是要针对具体的情境，运用不同引导语言和方式。比如，在引导孩子积极学习这件事情上，父母可以先为孩子营造良好的学习环境，自己多多陪伴和鼓励孩子学习，运用多种方式激发孩子的学习兴趣和学习热情等；在引导孩子再接再厉，表现得更好时，父母可以先肯定孩子的成绩，然后指出孩子需要提高的方面，给出一些具体的建议，引导孩子保持谦虚的作风，更上一层楼，等等。

>>> **语言演练场**

小文平时的学习成绩一般，可是他上语文课时非常认真，也很喜欢阅读和写作，语文成绩一直不错。在一次全年级组织的作文竞赛中，他的作品获得了一等奖，原本默默无闻的他觉得自己一下子扬眉吐气了，于是就自满起来，上语文课也没有那么认真了，还经常跟同学吹嘘自己是写作方面的天才，将来可能会成为大作家。班主任在遇到小文妈妈时偶然说起了这些事，希望妈妈能引导和教育一下他。

"你的语文老师跟我说你上次作文竞赛得了年级一等奖，我真为你感到骄傲！"妈妈说。

"这件事我不是早就告诉您了吗？您儿子真棒吧，您应该为我自豪的。"

面对这种场景，你可能会这么对孩子说：

✗ "有什么可自豪的，今天你们班主任跟我谈话了，说你因此而骄傲自满，就取得这么点成绩，你的尾巴就翘起来了，真丢人。"

会"说话"的父母这样说：

✓ "你进步了妈妈很高兴，但你因此就骄傲起来了，妈妈却觉得有些担心。要知道'谦虚使人进步，骄傲使人落后'，你那么有潜力，应该可以表现得更好一些的。"

"你一定要学好"
——引导孩子成才需要父母做好榜样

"你怎么把小美的发夹拿回来了？虽然很喜欢，但没经过小美的同意，你也不能拿别人的东西啊！"妈妈刚带着月月从小美家做客回来，看到月月拿了小美的发夹，不禁有些生气地说。

"可是她又没有看见。"

"别人的东西不能拿！趁着别人没看见时拿，那就是小偷了。"妈妈说完,一把抢过月月手中的发夹,要给小美送回去。

月月低着头,嘀咕着:"可是妈妈还拿人家的梨呢。"

原来,有一次妈妈带孩子去买水果,趁卖主未看见,拿了几个梨放在自己提兜里,孩子看到了这一切。当孩子指出妈妈的错误时,妈妈并没有立即改正,而是说:"只是贪了下小便宜,不要紧的。"孩子已经上小学了,知道妈妈的行为是不对的,可她一直都很听妈妈的话,在妈妈的影响下,她也渐渐学会了"贪小便宜"。

>>> **有话要说**

父母是孩子最重要的老师,没有什么比父母的言行更能影响孩子了,如果说父母是陶瓷制作师,那孩子们则是制作陶瓷的黏土。如果父母想让孩子成为优秀、快乐、聪明和有礼貌的人,想要培养孩子的良好习惯,引导他们健康成长,父母的一言一行都必须成为孩子的好榜样。上述例子中的月月妈妈就是因为没能为孩子树立一个良好的榜样,结果导致孩子也误入歧途。

孩子是站在父母的肩膀上的,父母有多高,孩子才能有多高;父母能走多远,孩子才能走多远。父母是孩子最亲近、最热爱的人,父母的所作所为容易被孩子认为是自然合理的,父母对孩子的心理发展具有潜移默化的影响作用。因此,想要引导孩子健康成长,父母应该首先做好示范作用。有这么一个公益广告:

一个三代同堂的家庭,妈妈每天下班回家的第一件事就是替奶奶端上一盆洗脚水,并替她洗脚。这情景每每给年幼的孩子看在眼里。有一天,妈妈回到家,看到还在玩耍的孩子急忙向厨房跑去的背影,妈妈正觉纳闷,只见孩子已端来一盆热腾腾的洗脚水,由于年纪小力气不够,水端不稳还一个劲地往外晃荡。孩子把水端到妈妈身边说:"妈妈,洗脚。"

由此可见,父母是孩子最好的老师,父母的一言一行都会给孩子以重要影响。

苏联教育家马卡连柯指出:"父母自身的行为在教育上具有决定意义。不要以为只有在你们同儿童谈话,教训他,命令他的时候,才是进行教育。你们是在生活的每时每刻,甚至你们不在场的时候,也在教育儿童。你们怎么样穿戴,怎样同别人讲话,怎么样谈论别人,怎么样欢乐或发愁,怎么样对待朋友和敌人,怎么样笑,怎么样读报,这一切对儿童都有着重要的意义"。在引导孩子成才方面,父母以身作则是非常重要的。在这方面,父母需要注意:

首先,当父母对孩子提出更高的要求,希望孩子进步时应该自己先给孩子做好表率。有些父母平时不积极上进,生活比较懒散,却要求自己的孩子努力学习,并且经常以命令的口气让孩子干这干那,这是很不好的。要知道,父母的言行就是孩子成长中的镜子,如果父母做不到积极进取,孩子同样也会如此。

其次,在鼓励和引导孩子进步的时候父母应该说话算话,平时不要轻易承诺,承诺了孩子的事情就一定要努力做到。有些父母总喜欢以物质奖励激发孩子的进取心,但当孩子取得成绩时又不能及时兑现，这不仅容易打击孩子的积极性和学习热情，还会使孩子对父母丧失信任，影响父母在孩子心中的形象和亲子关系。

>>> **语言演练场**

袁乐的妈妈常年工作比较忙，没有多少时间管教孩子，所以照料和教育孩子的重任就落在了爸爸和爷爷奶奶的身上。爷爷奶奶非常宠爱这个孙女，有什么好的东西总会留给她，但在教育方面，对她的要求并不是非常严格，爸爸也默认了这种教育方式。

一次，妈妈闲暇在家，就决定带着袁乐出去玩，袁乐一定要奶奶也去。妈妈不明白原因，但也没有反对。原来，袁乐知道妈妈比较严厉，也不会特别娇惯自己，所以就要求奶奶同去好帮着自己拿东西。

"奶奶，这个包您帮我拿吧！"

"奶奶，我想喝汽水了，您去帮我买。"

"奶奶，我热……"

一路上，袁乐不停地对奶奶提出这样那样的要求，希望奶奶能帮忙或代劳。妈妈把这一切都看在了眼里。

面对这种场景，你可能会这么对孩子说：

✘ "乖孩子，热了吧，累了吧，今天开心吗？"

会"说话"的父母这样说：

✔ "孩子，奶奶年纪那么大，你怎么能指使奶奶干活呢？你是一个懂事又能干的孩子，这些小事，都难不倒你，而且，自己的事情自己做，才能体会到劳动的快乐。"

"咱们玩角色互换吧"
——有效引导跟大人"对着干"的孩子

"小定,你上次不是说想去看话剧吗?这周末妈妈陪你一起去看吧。"

"不了,我现在不想去了,我周末想跟同学一起去 K 歌。"

"小定,过两天就是你的生日了,以前你总想请同学到家里来玩,明天爸爸妈妈就给你们足够的时间和空间玩,我已经帮你们准备好很多食物,到时候你们可以好好聚聚。"

"不用了,我现在觉得还是去外面过比较好,我已经跟同学们说了,把地点定在必胜客。"

"那爸爸妈妈也去,顺便帮你买单?"

"不行,我请的都是同学,您去不合适。"

"你这孩子,怎么总喜欢跟父母对着干,也不想想如果你是父母,心理会有什么想法?"

罗定的妈妈发现,自从读小学六年级以来,自己儿子的身上发生了显著变化。他似乎不像以前那样喜欢跟父母交流了,对于父母的一些做法和意见,他也时不时地提出反对意见。有一段时间,他甚至特别喜欢跟自己的父母"对着干":父母要求他做的事情,他总是找各种理由拒绝;父母给他的意见和建议,他也经常当作耳旁风;当父母想要跟他好好谈谈的时候,他没听几句就索性出门去了……

罗定的妈妈虽然知道自己的孩子已经进入了青春期，凡事喜欢自己拿主意，却并不理解为什么孩子总是喜欢跟父母对着干，更不知道该如何改善与孩子之间的关系，如何才能帮助孩子改变这一现状。

>>> **有话要说**

上述例子中的罗定之所以会经常做出与父母"对着干"的举动，主要是与青春期的成长阶段和心理有关。从心理成长的角度来说，人在成长的过程中有两个非常明显的转变阶段，一个是两岁左右幼儿期的"第一反抗期"，另一个就是11～15岁青春期的"第二反抗期"，孩子在这两个阶段的心理发展状况，往往会影响其未来性格的形成及健康发展。

当孩子进入青春期之后，不仅生理上的发育明显，心理和性格方面也会出现一些显著的变化，尽管此时他们在经济上还不能独立，在思想上也不完全成熟，可在他们自己的眼中，已经把自己当成大人一样看待了，所以他们也渴望像大人一样独立自主地做事，希望父母能尊重和理解自己。也正是由于如此，他们有时会表现出特别明显的逆反情绪，喜欢以跟父母对着干的方式来反抗父母的权威，凸显自己的独立性和自主性。

对于孩子成长发育过程中的这些心理特征，父母需要多多了解和关心，在这一基础上，父母可以通过一些实际行动来帮助孩子走出青春期的困惑，帮助孩子健康成长，尤其是当孩子出于叛逆而做出一些不合时宜或错误的事情时，父母更应该好好引导和教育。

想要有效引导总喜欢跟父母对着干的孩子，父母可以从如下的一些方面多努力：

首先，要想引导孩子向好的方面发展，父母应该先改变自己的一些不良做法，不要对孩子管得太严厉，也不要总是喋喋不休，做事要照顾到孩子的感受。有些家长认为教育孩子要严厉，在管教孩子时往往是不许这样不许那样，打骂孩子或是罚站等都是家常便饭，却不考虑孩子的想法，殊不知，在这种环境中成长起来的孩子，要么懦弱，胆小怕事，要么逆反性极强；有些家长总喜欢过多干预孩子的行动，喜欢唠叨，而对于孩子的行为和想法总喜欢提出反对意见，这样自然会引来孩子的反感和不满，疏远亲子关系，对于教育和帮助孩子是没有什么好处的。

其次，父母管教孩子应该以尊重和宽容为前提。在平时，父母可以多给孩子一些自己做决定的机会，让他们有一定的选择权，这样可以大大减少逆反行为。而当遇到一些不容选择的情况时，父母也应该多用商量的语气跟孩子说话，可以温和一点的时候就不要太严厉，不要总是摆出家长的架势，对孩子发号施令。

还有一点很重要，那就是对于总喜欢跟父母对着干的孩子，父母应该多多安抚和引导，如在坚持原则的前提下，可以多多表扬和夸奖一下孩子的良好表现，平时可以鼓励孩子玩玩角色互换的游戏，让孩子体验做家长的感觉，这样孩子就更容易理解父母的苦心了。

>>> 语言演练场

芳兰下学期马上就读初中了，妈妈发现，她最近变得有些奇怪，总喜欢跟同龄人聊天，却什么话也不喜欢对家人说，有时候妈妈问上好几句，她才勉强说一两句，更让妈妈担忧的是，原本乖巧的女儿似乎一下子变得叛逆起来了，在很多事情上她总喜欢跟父母对着干。

"兰兰，你不是一直想跟向老师学舞蹈吗？我昨天已经帮你联系好了，明天就带你去报名上课。"妈妈高兴地说。

"舞蹈，我现在已经不想学了。"兰兰没好气地答道。

"你这孩子，上次不是哭着嚷着要去吗，妈妈费了很大的劲才帮你联系上，现在怎么不想学了。"

"就是不想，我就不喜欢按照您的意思去，就不想总是顺从您！"

面对这种场景，你可能会这么对孩子说：

✗ "真是枉费了妈妈的一番苦心啊，真是不像话，叫你向东你偏往西，跟我对着干有什么好处？"

会"说话"的父母这样说：

✓ "孩子，你怎么能这么跟妈妈说话呢？妈妈这不是尊重你的选择才帮你去报名的吗，如果你不想学了，咱们也可以好好商量，不是吗？想想你要是妈妈，费尽心力才联系好老师，可听到女儿这样说，会有何感想呢？"

第四章

共情关注:
用体贴的语言驱除孩子的心灵阴影

当孩子撒谎时
——及时教育并晓之以理

张彤已经上小学五年级了,平时向来乖巧,可是在一次语文测验之后,她为了不被妈妈骂,而将试卷上的"72分"改为了"92分",后来妈妈知道了这件事。

"彤彤,你这次语文考试得了多少分?"

"九……九十二。"彤彤有些吞吞吐吐。

"其实,妈妈觉得一次的考试成绩并不能说明什么,而且,考试是检验自己学习成绩的手段,要真实地表现自己的成绩,考得不好说明你还没有完全掌握知识,只要以后再努力成绩一定就好了。成绩不好并不代表将来没有前途,别人也不会因此而笑话你,可要是为了面子而忘记了诚实,那可就不好了。"

彤彤的脸一下子红了,她明白妈妈已经知道了自己的不诚实行为,所以很不好意思地说:"妈妈,我错了,我心里很难过,也害怕你们批评,所以才……"

听了女儿的话,彤彤妈并没有继续责骂孩子,而是及时给予孩子正面的教育,之后还给孩子讲了很多做人应该诚实的道理,让孩子深刻明白了自己的错误，并决心立即改正。

>>> **有话要说**

孩子对于诚实的理解以及道德的认识尚且不全面、不深刻，也不完善，所以有时难免出现说谎现象。这是孩子在成长阶段中通常会出现的一种反应，但却是很不好的行为，父母一定要及时干预，并帮助孩子改正。

通常情况下，孩子说谎的主要原因有两个，一个是受到了周围环境的不良影响，一个是迫于压力。首先，孩子说谎与环境因素有关。如果家长在和孩子相处中，为了哄孩子听话，经常使用一些欺骗性的语言；或者是家长经营当着孩子的面对别人说假话或是说一些违心的话，孩子长期耳濡目染，也会深受其害；还有就是孩子结交了一些不诚实的朋友，受到周围环境的不良影响而学会了说谎。其次，孩子不诚实可能源于压力的因素。如果父母总是对孩子过于严厉，经常批评指责，甚至打骂孩子；或者是家长太强势，不尊重孩子的想法，孩子为了逃避处罚，也很有可能说谎。

针对孩子撒谎的问题，父母需要注意：

第一，孩子的撒谎行为是需要进行批评教育，但在此之前，父母不妨冷静地坐下来仔细想想孩子会这样做的原因，而千万不要立即去教训孩子，只有先找到原因，才能对症下药，从根本上解决问题。

第二，对于孩子的撒谎行为，预防比惩罚更有效。因为惩罚也许会加剧孩子的"压力",让他以后不得不用更多的谎言来防御可能遭受的惩罚,而把谎言扼杀在摇篮中,则是从根源上防止了谎言的产生。一方面,父母不应该扮演检察官的角色。不应该要求孩子坦白,不应该夸大事实把事态弄大。另一方面,父母要以身作则,平时多说真话,对孩子进行良好的引导和教育。

另外,如果父母希望培养孩子诚实的品德,还应该做好心理准备,既要听让人愉快的真话,也要听让人不高兴的真话。如果父母总是喜欢听让人高兴的话,孩子就会为了讨好大人,而说让大人高兴的谎话,而如果父母能正确地对待孩子的言行,孩子则更容易培养诚实的品格。

孩子能否养成良好的习惯,不仅与孩子自身的因素有关,与父母的教育方式也有关的,因此,当孩子撒谎时,父母千万不能盲目指责孩子,应该反思自己的教育方式,及时教育,给孩子讲道理,帮助孩子改正。

>>> **语言演练场**

小令本来是个很听话的孩子,平时很努力上进,可是自从进入小学六年级之后,他似乎进入了叛逆期,不仅听不进父母的教育,在学习上不思进取,而且还经常跟一些调皮捣蛋,缺点很多的孩子混在一起,他的父母因此而忧心忡忡,更为严重的是,妈妈发现他最近喜欢翻家里的财物,而且还学会了撒谎。

有一次,妈妈下班回家后将自己的皮包放在沙发上就去厨房了,当妈妈再次走进客厅时,居然发现小令在翻自己的包。一会儿之后,小令好像听到了妈妈的脚步声,赶紧坐好。

"小令,你刚才在做什么呢?"

"没,没做什么啊!"小令支支吾吾地说。

"可我刚才看到你拿我的包了。"

"没有,我今天发现您的包很好看,所以忍不住仔细看了看。"

面对这种场景,你可能会这么对孩子说:

✗ "睁着眼说瞎话,你明明是想做坏事,看我怎么教训你!"

会"说话"的父母这样说:

✓ "孩子,随便翻别人的包是不好的行为,撒谎就更是错误了,你从小就这样,以后很有可能走上歧途的,这些毛病都要改。妈妈相信你是个好孩子,会学好的!"

当孩子与别人攀比时
——疏导孩子的虚荣心

芬芬的生日马上就要到了,父母虽然没有说什么,但暗地里已经给她买好了生日礼物,而且一直在思考着该如何给孩子过好生日。

一天晚上,妈妈和女儿一起看电视,就不经意地询问说:"芬芬,过几天就是你的生日了,你想怎么过呢?"

"嗯,还没想好呢?"

"那天正好是周末,要不,咱们全家还像去年一样,去郊游吧,要不去游乐场玩?"

"妈,"芬芬有些不耐烦了,说,"真没有创意,每年都是这样。"

"那你想怎样过呢,说说看?"

"妈妈,昨天是我们班李娜的生日,她是在比萨店过的,而且她还请了好多同学一起去呢,同学们都说她阔绰,我也想和她一样去比萨店过生日。比萨店的消费是有些高,可是感觉很有面子。况且,如果生日总是不请同学,大家会觉得我小气的,也会疏远我的。"

"你先写作业,等你爸爸回来,咱们商量一下再说。"妈妈不好再说什么,但她明显感受到了女儿的虚荣心和攀比心,想想女儿小小年纪就这样,她不免有些无奈。

>>> 有话要说

人人都会有虚荣心,孩子也不例外,而且由于孩子的认知有限,更容易受虚荣心驱使,出现一些不好的行为,喜欢与人攀比就是其虚荣心的一大表现。

从心理学的角度来说,适当的虚荣心能更好地激发个人的进取欲,帮助个人进步,但如果虚荣心用在了不适当的地方或是虚荣心过强就可能影响个人的健康成长,因为虚荣心强的人不是通过实实在在的努力来获得成功、赢得别人的关注,在认知上是有所歪曲的。上述例子中的芬芬就是这样,她盲目与同学攀比,认为上高档次的地方消费就有面子,实际上就是虚荣心在作祟。

现在的独生子女越来越多，父母总怕孩子受委屈，于是对孩子总是有求必应，在给孩子提供物质条件时总是不自觉地与别人攀比，别人的孩子买什么自己的孩子也得买，绝不能让人家比下去，在父母的这种影响和纵容下，孩子的欲望无限地膨胀，虚荣心也逐渐滋长。另外，现在的父母一般都对孩子有着较高的期待，希望孩子能优胜于人，而且还总是为了自己的面子而经常夸奖孩子的优点，掩盖他们的缺点，在这种环境中成长起来的孩子，虚荣心自然也十分强烈。

孩子一旦有了虚荣心之后，就喜欢和别的孩子进行攀比：看见别人穿了件新衣服，就要家长给自己买件更漂亮的；看到别人有什么好东西，自己也总想得到更好的；看到别人表现好，心里总觉得不服气……这样的孩子，总喜欢在物质上与人一比高低，却没想过在精神上取胜，缺乏进取的斗志，心态也很容易失衡。

针对孩子总喜欢与人攀比的情况，父母应及时疏导孩子的虚荣心，并帮助孩子树立正确的意识和观念，具体来说，父母需要多注意这些：

1.坚持正确的家庭教育方式，发挥父母的榜样作用。

虚荣心过强的孩子多半是家中的"小太阳"，全家人都围着他转，这样就自然而然地滋长了他的自我中心和自夸欲。想要改变孩子，父母应先做出改变，其中最主要的就是坚持正确的教育原则，为孩子做好示范，对孩子在合理范围内提出的要求可以答应，对于无理的要求应断然拒绝。另外，父母还应该努力营造朴实谦逊的家风，为孩子的成长提供良好的环境。

2.父母应该客观地评价孩子，一旦发现孩子虚荣心旺，要及时疏导和教育。

适当地表扬和鼓励能增强孩子的自信，激发孩子的办事热情，但如果父母总是鼓励而没有批评和教育，孩子就会虚荣心膨胀，父母在教育孩子时应该努力避免这种情况的产生，客观地评价孩子，不仅要表扬优点，同时对孩子的缺点也要及时指正，当发现孩子喜欢盲目与人攀比时，应该及时进行教育，说明虚荣心的危害，帮助其纠正。

让孩子远离虚荣，孩子的身心才能健康发展，父母在教育孩子的时候一定不要忽视这点。

>>> **语言演练场**

单丽人长得很漂亮，自小家境也很好，父母非常宠爱她，对于她在物质方面的需求，向来是有求必应的。加上单丽本身就读的就是当地一所有名的贵族学校，班上的同学基本比较有钱，同学之间的攀比之风也很盛，单丽也因此深受影响。她总是喜欢买各种各样的名牌服装，追求奢侈的生活，她常常为了与同学攀比而买一些昂贵而不实用的东西。

"爸爸，你能给我买个新的IPAD吗？"一天晚上，单丽对爸爸说。

"你不是前段时间刚买了一个吗？"

"是啊，可是现在又出升级版的了，同学手里拿的都是最新版的,看起来比我这个新潮而好看多了,和他们一比,我觉得自己太落伍了。"

面对这种场景,你可能会这么对孩子说:

✗ "好吧,明天就去给你买吧,可不能让别人瞧不起!"

会"说话"的父母这样说:

✓ "孩子,与人攀比是一种很不好的行为,与其总想着享乐,只贪图好的物质生活,不如在学习等方面与人竞争,这样以后才有更美好的生活啊!"

当孩子嫉妒心强时
——帮助孩子远离"醋意",排除嫉妒心

小学生春春是班上的语文科代表,语文成绩很好,基本每次都能考班级第一名,同学很羡慕她,她也常常因此而非常得意。可有一次,班级举行语文竞赛,平时表现不怎么突出的娜娜却得了第一名,春春一下子就受到了打击,看到别人羡慕娜娜的表情,她非常嫉妒。

放学后,当妈妈询问她这次竞赛的成绩时,她显得很不高兴:"别问了,有什么好说的?"

"孩子,以前语文考试之后你不是很高兴吗?"妈妈有些诧异。

"这次我只考了第二名。"春春有些不高兴了,接着说:"第一名是又胖又矮的娜娜，她平时语文不怎么样，这次居然抢了我的风头，同学们一下子对她刮目相看了，我很不服气啊！"

妈妈听了，说："孩子，娜娜这次表现比你好，你应该向她学习和请教，而不应该在背后这么说别人啊！"

"向她学习，我才不要呢！我以后会还以颜色的！"说完，春春匆匆走进了房间。

妈妈知道春春是嫉妒同学了，可又不知道怎么办好，于是叹了口气。

>>> **有话要说**

嫉妒心是青春期孩子很容易产生的一种心理。相比而言，女孩比男孩更容易产生嫉妒心理，因为青春期的女孩子更容易专注于一件事，并且好强，自尊心极其强烈。再加上现在的家庭大都是一个孩子，长辈们对于孩子特别宠爱，许多孩子都染上了"娇""骄"二气，绝对不允许别人比自己做得好，也不愿听夸奖别人的话，嫉妒心表现得尤其强烈。

嫉妒是一种消极、有害的心理，它不仅影响个人的心理健康，还会破坏人际关系，伤害人与人之间的友好感情，甚至会酿成一些不必要的悲剧，所以对于孩子嫉妒心强的问题，父母决不可等闲视之，而应该及时干预，帮助孩子走出心理误区。

一般来说，嫉妒心主要是由孩子内在的消极因素和外部环境的消极因素相互作用而产生的，如当孩子在竞争中受挫会导致其对成功者的嫉妒，当孩子感觉自身在生理、心理、生活环境等方面不如别人时常常会对在这些方面优越的人产生嫉妒心，当家庭教育方式不当，孩子向来心胸狭窄、缺乏自信时也很容易滋生嫉妒心。

要帮助孩子摆脱嫉妒心理，首先要了解孩子嫉妒的起因，然后才能有的放矢地帮助解决。在了解孩子产生嫉妒的起因时，父母要耐心倾听孩子的心理感受。当孩子显露出嫉妒心时，作为家长，千万不要严加批评指责，更不要冷嘲热讽，而应以引导和教育为主。

其次，父母应该在平时多关心孩子，讲究教育方式。在平时，父母应重视将表扬与批评教育相结合，应注意发掘孩子身上的闪光点，及时地进行表扬和鼓励，而在表扬时应掌握适度原则，不能过分夸大，同时也可以稍微指出孩子的一些不足，使孩子正确认识自己，避免其产生"不允许别人超过自己"的心理。

再次，父母还可以多注意培养孩子豁达乐观的性格，帮助孩子树立自信。心理学家认为，缺乏自信和心胸狭窄的孩子往往更容易产生嫉妒心，所以帮助孩子克服嫉妒心，父母可以从培养孩子的自信心和阳光心态开始。父母要告诉孩子，每个人都有自己的优势和长处，但同时也都有各自的不足和短处，任何方面都比别人强是做不到的。同时，父母还应该引导孩子发挥自己的长处，扬长避短，在学习和生活中学会正视、欣赏别人的优势和长处，向别人学习、借鉴，以弥补自己的不足，用自己的成功来赢得别人的喝彩。

>>> **语言演练场**

娟娟在其他方面表现都很好，就是喜欢嫉妒人，看不得别人比自己好。娟娟的妈妈看在眼里急在心上，毕竟这样的心态不利于孩子的成长。

有一年，学校准备举行元旦晚会，娟娟所在的班级准备排演一个话剧，在选女主角时，娟娟认为自己长得清秀，而且是班级的文娱委员，这个角色非自己莫属，可老师和同学们经过再三商量，决定由乐乐出演女主角，娟娟因此嫉妒起乐乐来，平时不仅总在背后说乐乐的坏话，还故意刁难乐乐，老师把这一情况告诉了娟娟妈妈。

"娟娟，你们班的话剧排演得怎么样了，很精彩吧！"妈妈问。

"有什么好看的，女主角长得那么丑，要是换我就好了。我就是不服气，演出排练的时候也觉得没意思，大家怎么会选她呢？"

面对这种场景，你可能会这么对孩子说：

✗ "我觉得也是，你这么漂亮，怎么没选你，不公平！"

会"说话"的父母这样说：

✓ "孩子，你这样想可不对，老师和同学们这样决定应该是剧本需要，你因为嫉妒同学而不好好配合演出很不好。而且，嫉妒别人只会让自己生气，是得不偿失的，把心胸放开才能心情愉悦。"

当孩子责任感缺失时
——要言教，更要身教

张会是一名六年级的学生，他学习成绩还可以，但在老师和同学们的眼中，他就是个懒鬼：轮到他们小组值日时，他总是磨磨蹭蹭，敷衍了事，或者是偷偷跑掉，把活儿全丢给其他同学；班里举行春游，需要带着炊具和食材到野外去做饭，张会总是专挑轻的东西拿；一旦父母出差不在家，他总是穿得十分邋遢……他的懒惰事迹数不胜数，同学们也因此对他很有意见。

一天下午，妈妈有事休假在家，看到儿子还没到上学时间就回家了，便问："儿子，今天学校放假吗？怎么回来得这么早啊？"

"没有，今天班级组织大扫除，但是老师临时有事不在班上，让我们自己劳动完就回家。"

"可你怎么回来了？"

"我们小组负责擦窗户，好几个人呢，我平时在家里就不干活儿，怕做不好，而且想到要爬高我就有点头晕，所以就中途溜回来了，反正老师又不在。"

听了张会的话，妈妈摇了摇头，心想难怪同学们都对自己的孩子有意见，不怎么喜欢跟他相处，原来是因为孩子喜欢偷懒，做事没有责任心啊。

>>> **有话要说**

张会的行为，表面上看是懒惰的表现，实际上更深层次的原因却是责任感缺失,因为他没有对他人对集体的责任感,所以总是想着偷懒和逃避问题。

责任感是一种高尚的道德品质,是立足于社会的基本点,人活于世,不仅要对自己负责,还要承担这样那样的对别人和社会的责任。当一个人缺失对他人的责任感时,就会损害别人的利益,给他人带来不便,甚至会做出有危害后果的事情,而一个懂得责任感的孩子,能够深刻地体会到自己对他人、对社会的意义和价值,会具有更强的生存能力,因此,在家庭教育中,对孩子责任感的教育也是不可或缺的一个环节,尤其是当父母发现孩子责任感缺失时,更应该及早干预,用言传身教帮助孩子走出误区。

青春期是孩子成长的重要时期,孩子的很多习惯、态度等都会在这一时期形成和稳定,所以在这个时期,父母以言传身教增强孩子的责任感,并积极应对孩子责任感缺失的问题是很重要的。总体来说,当孩子责任感缺失时,父母可以从如下方面去努力:

1. 用父母的责任感培养孩子的责任感。

孩子的观察能力和模仿力很强,父母言谈举止中所透露出来的责任感和责任行为往往对孩子有潜移默化的作用,所以在责任感教育方面,父母也应该率先示范,以良好的言行引导和教育孩子,用自己的责任感来培养孩子的责任感。如果父母发现孩子有责任感缺失的现象时,应该首先反思自己平日的言行,看是不是自己的某些不良行为影响了孩子，如果有，父母就应该在主动承认错误之后以自己的这些行为作为反面例证，告诉孩子这么做的危害以及应该怎样去做。

2. 培养孩子的责任感应该大处着眼，小处着手。

培养孩子的责任感并不能总是给孩子讲大道理，而应该注重生活细节，善于从小处着手，让孩子在生活中感受责任的分量，哪怕只是倒一次垃圾，洗一块手帕，一次维护公共财物的举动，一件表示同情心的事情，当孩子在小事中表现良好时，父母应该给予鼓励和表扬，反之，则应该及时指出并进行教育。

3. 告诫孩子要对自己的行为负责，而不能总找借口推脱。

找借口几乎是人的天性，孩子也不例外。生活中，一些孩子做了错事时，常常会找出这样那样的理由和借口来推脱，身为父母，应该及时而理性地纠正孩子这种不良的行为习惯，告诫孩子不应该为自己的行为找借口。

有责任感是个人走向成熟的标志，只有懂得责任并能积极承担起自己应负的责任，才谈得上美好的将来，身为父母，应该明确意识到这点，注意自己的言行，从小培养孩子的责任感。

>>> **语言演练场**

崔欢是个胖胖的小男孩，活泼好动，而且做事情有些鲁莽，为此闯了不少祸，也没少挨父母的骂，但他本质上还是一个诚实的孩子，平时有什么事情也总会跟父母说。有一天放学回家后，他一语不发，默默地走向自己的房间，表情好像有些焦虑。

妈妈见了，连忙问："儿子，怎么了，表情这么凝重！"

"妈妈，今天我又闯祸了。"

"到底怎么回事，说说看？"

"今天课间的时候我们几个同学在讲台上玩，因为我力气太大，不小心把老师的凳子弄坏了，当时谁也没发觉，后来，老师问的时候，我没敢承认，因为我害怕……"

面对这种场景，你可能会这么对孩子说：

✘ "既然谁都不知道，那就算了吧，说出来要被批评，而且还得赔偿呢！"

会"说话"的父母这样说：

✔ "孩子，妈妈知道你是不小心弄坏的，可是，既然做错事情，就应该勇敢承认，并且担起自己应负的责任。这样吧，明天你先找老师承认错误，然后看看能不能修好，修不好的话咱们再进行赔偿，责任感比金钱更重要。"

当孩子对老师有误会时
——巧妙引导，帮助消除

最近一段时间，李强的父母觉得，儿子好像对老师颇有意见，因为他经常说老师的坏话。

一天李强对爸爸说："我真不喜欢新来的班主任张老师，他太偏心了,还总喜欢乱批评人。"

"儿子,你怎么能随便说老师的坏话呢?"

"我没有胡说,张老师就是这样的人。前天上课的时候,同桌小月因为喜欢我新买的钢笔就动手来抢,我也不放手,谁知,钢笔不小心掉在了地上,当我弯腰想去捡时,没想到撞翻了铅笔盒,发出了很大的响声。张老师听到后严厉地批评了我,却没有批评小月,还不是因为小月平时成绩好吗,老师真偏心!"

李强爸爸听后,认真地对儿子说:"你们张老师其实是个很好的老师,她不仅担起了教书的责任,还履行了育人的职责,所谓'严师出高徒',老师之所以会批评你,其实是为了督促你要好好听课,这是关心你的表现。何况,你撞翻铅笔盒发出了巨大的响声,已经违反了课堂纪律,影响了别的同学听课,是应该受到批评的,至于老师没有批评小月,可能是她讲课专心,没有注意到具体的过程,这是可以谅解的,我们应该学会从自己身上找原因⋯⋯"

李强觉得爸爸说得很有道理,从此之后也没再说老师的坏话。

>>> **有话要说**

生活中,人与人之间难免会发生误会,孩子因为对老师有误会而产生抵触情绪,甚至说一些坏话也是时有发生的,此时父母应当了解情况,并积极消除孩子对老师的误会和不满情绪,引导孩子学会正确看待老师的行为,纠正错误看法。

学校是孩子学习的重要场所,老师是孩子成长过程中非常重要的人，孩子对于老师有误会和抵触情绪，经常说老师的坏话，不仅会让孩子很难静下心来好好学习，使孩子学习的积极性受到影响，而且还可能影响孩子的心理健康，因此，家长对于这一问题绝不能等闲视之，而应该积极引导和帮助。

首先，父母应该尊重和体谅孩子，让孩子把自己的情况和问题先说完。

当孩子表达了自己对于老师的错误看法或者表现出了对老师的抵触情绪时，父母应该保持中立的立场，先以一种温和的态度询问孩子发生的事情和孩子内心的真实想法，让孩子在宽松的环境中先发泄对于老师的不满，而不能不分青红皂白就责怪孩子，这样既能让孩子感受到尊重和理解，也能使得孩子的心理获得平衡。等听完之后，父母就可以根据具体情况进行引导和教育了。

其次，在孩子对老师有误会时，父母一定要引导孩子学会冷静、客观地看待问题，避免感情用事和主观臆断。

一般来说，孩子对于老师的误会多是由学习活动而引起的，老师对于孩子的批评也多是出于对孩子的严格要求，出发点是善意的，可能是孩子误会了老师，当然，有时候，老师也因为没有弄清楚具体情况或是其他的一些特殊原因而错误地批评了孩子，让孩子觉得委屈和难过，此时父母应该教孩子学会正确地看待和评价自己与老师之间的误会，帮助孩子分析老师行为的原因，说明老师的良苦用心，让孩子学会体谅和宽容，以消除孩子对老师的偏见和误会。

再次，父母可以教孩子学会换位思考，从老师的角度思考问题，做到有理让人、无理认错。

孩子的认知能力毕竟有限，有时候看问题也难免出现偏激、以自我为中心的情况，如果父母也总是站在孩子角度看问题，帮助孩子一起指责老师，结果可能使师生关系更糟糕，而如果父母在孩子有抵触情绪的时候总是责骂孩子，让孩子无条件地妥协，也只能加剧孩子对老师的误会和抵抗。此时，父母正确的做法应该是：要让孩子学会站在老师的立场思考问题，必要时还可以创设情境让孩子去体验老师的难处，让孩子学会多体谅人，多为他人着想，同时，父母也可以告诉孩子，老师也是凡人，在教学和教育工作中也不可能事事做得完美，他们对于问题的判断和处理也不一定完全正确，每个人都应该体谅和宽容别人。

消除孩子对老师的误会其实并不难，只要家长有心，多注意加强与学校、老师的沟通，多注意引导和帮助孩子就能做好。

>>> **语言演练场**

张希个性开朗，比较健谈，喜欢结交朋友和与人聊天，有时也爱打抱不平。有一次上课，教语文的秦老师因为家中有事而来晚了，班上的纪律大乱，很多同学都在大声地喧哗、走动位置，甚至有些班干部也是如此。秦老师知道情况后，严厉地批评了班上的那些向来喜欢调皮捣蛋的孩子，却没有批评那些违反纪律的班干部，张希很是看不过去。

放学后，张希把这件事情告诉了妈妈，并说："我越来越不喜欢秦老师了，他不是个好老师！"

"女儿，你怎么能这么说老师呢？"

"秦老师没有责任心，而且还很偏心，总喜欢批评差生，对于成绩好的学生和班干部，就会纵容。"

面对这种场景，你可能会这么对孩子说：

✗ "老师都是这样的，所以，你要努力成为好学生，这样老师就不会总批评你了！"

会"说话"的父母这样说：

✓ "孩子，这其中应该有些误会吧，秦老师对你们管得是比较严，这其实为了你们好，有好的纪律你们才能专心学习啊。而且，老师这次没有批评那些班干部，可能是因为老师并不知情，这也是可以原谅的……"

当孩子厌学时
——开展心灵对话，唤起学习兴趣

冬冬上初三了，马上面临着毕业考试，因此，父母对他管教得严厉了一点儿，尤其是学习方面。但是，父母发现，冬冬以前的学习成绩还可以，但最近似乎越来越不爱学习了，成绩也开始直线下降。父母着急上火，但冬冬似乎没有把这事放在心上，当父母一再告诫冬冬要努力学习时，他又会表现出焦虑不安的情绪。

"冬冬，你最近是怎么了，学习这么不上心啊？"一天，妈妈问。

"没有啊，我没有不好好学习，只是想马上就要升学考试了，觉得压力很大，"

"是这样的吗？我怎么发现你最近厌学了，以前放学还知道看看书、做作业，可一上初三就连作业都不做了，书也不看了，要么看电视，要么就坐在电脑前，父母每天下班后还得监督你写作业。"

"妈，别说了，初三的学业压力大，我本来就已经很烦了，您还这样唠叨，以后我连学校也不想去了，我越来越不喜欢学习了，学习只让人感到痛苦。"

"你这孩子，这是什么思想，父母供你上学还不是为了你好，你怎么就这么体会不出父母的苦心呢？"冬冬妈妈叹气说。

冬冬一听，什么话都没说，直接进了卧室。

>>> 有话要说

很明显，冬冬是有了厌学情绪，这种情绪与初三时的学习压力有关，也与冬冬的心理素质等因素有关。

厌学心理是对学习产生厌倦乃至厌恶，从而逃避的一种心态。这种心理状态直接影响到孩子的学习，并危害他们的身心健康。一些家长认为，只有学习不努力、脑子比较笨、本来就很不喜欢学习的孩子会产生厌学情绪，可事实上，一些平时学习成绩还可以、对待学习很认真的孩子有时也会产生厌学情绪。

厌学情绪并不仅仅指厌恶学习、对学习没有兴趣，还可能与外界的因素有关。学习压力太重会影响孩子学习的热情和主动性,让孩子因为焦虑、害怕而厌学;家长和老师对孩子期待值太高会加重孩子的学习负担,当孩子无法承受这些重负时,会对父母的做法产生反感,进而发展到讨厌学习、讨厌上学;当孩子学习十分努力,但总是拿不到好成绩,无法从学习中得到满足感和成就感,多次受挫时会逐渐形成"我是差生"的观念,产生厌学情绪;当孩子最近情绪状态不好、与同学关系不融洽、受到周围人厌学情绪影响等也会使孩子突然间厌恶学习。

针对以上引起孩子厌学的原因,父母可以多与孩子进行对话和交流,具体情况具体分析,采取有效的措施唤起孩子的学习兴趣,如下的几点很重要:

1. 不要过分给孩子施加压力。

孩子的学习兴趣并不是逼出来的,而需要培养,让孩子拥有轻松的心理是激发其学习兴趣,促使孩子正常学习的关键,所以在家庭教育中,父母不仅不应该对孩子加压,还要学会给孩子减压。如当孩子感受到学习压力时,父母应该用婉转的话语驱走孩子心理上的顾虑和负担,当孩子因为成绩差而感受到压力时,父母不仅要帮助孩子补功课,更重要的是给予安慰和支持,帮助孩子树立自信。

2. 消除孩子对学习的痛苦印象。

相对来说,学习成绩差的孩子更容易产生厌学情绪,因为成绩跟不上,对学习感到"头疼",他们常常会因此把学习当作一种折磨和痛苦,变得厌倦书本,害怕作业和考试,因此,父母应该尽力帮助孩子改变这种对学习的痛苦印象，让孩子能在轻松的氛围中体验学习的乐趣，增强自信心。同时，父母在监督孩子学习时还应鼓励他们劳逸结合，因为张弛有度的学习才能让孩子保持良好的学习状态和兴趣。

3. 父母可以帮助孩子走出不良情绪的影响，帮助孩子与周围的人建立良好和谐的关系。

平时，父母可以多关注孩子的情绪变化，积极引导和疏导，让孩子免受不良情绪的困扰。同时，父母还可以有意识地培养孩子与周围人交往的能力，多带孩子参加一些集体活动，以提高孩子对集体生活的适应能力。

针对孩子厌学的问题，父母不能简单对待，而应该对症下药，这样才会收到良好的效果。

>>> **语言演练场**

小凤是一个在学习上比较勤奋的学生，在学校的时候，她上课总是认真听讲，在家里学习也很努力，可她的成绩却一直处于中等水平。经过认真反思，她觉得这都是因为自己脑子笨，即使努力学习也赶不上别人，久而久之，她对于学习的热情逐渐减少，甚至产生了厌学情绪。

"爸爸，我不想去上学了！"小凤对爸爸说。

"这是怎么回事呢？你以前不是学得很有劲头、很勤奋吗？"

"我觉得自己的脑子实在太笨，尽管很努力，可总赶不上别人，现在我已经开始讨厌学习了。"

面对这种场景,你可能会这么对孩子说:

✗ "整天胡思乱想,再这样,小心我教训你!"

会"说话"的父母这样说:

✓ "你怎么会这么想呢?你现在成绩不好,并不能说明你笨,可能与学习方法有关。再说,学习本来是件很有趣的事情,你不要把它想得那么痛苦啊,调整好心态,以后会慢慢进步的!"

第五章

非暴力沟通:
创建父母与孩子之间的亲密关系

"我们可以像朋友那样谈谈吗"
——用语言架起平等的桥梁

袁宁的父母都是工程师,平时的工作非常忙,对于袁宁的关心比较少。袁宁小时候很听话,自从进入青春期之后,他似乎一下子变得叛逆起来,经常跟父母对着干。一天晚上,母子间的冲突又开始了。

"我已经跟你说过很多遍了,不要整天只知道吃喝玩乐,你怎么能这么不听话呢?"

"怎么了?我不就是提前把一个星期的零花钱用了吗?反正咱家不缺钱。"

"你这孩子,真不懂事!"

"我也想懂事啊,可您和爸爸整天就知道工作挣钱,有多少时间真正关心过我?你们就知道为我规划生活和未来,有问过我的感受和烦恼吗?你们什么时候坐下来跟我平等地交流过?您什么都不知道,您就知道工作!您根本就不关心我!"说完这些,袁宁飞快地冲进了自己的房间,重重地关上了房门,只留下愣在一旁的妈妈。

妈妈原来一直觉得袁宁近期的表现是因为他还不懂事，可现在却意识到，原来孩子所需要的并不仅仅是优裕的物质条件，更需要父母的关心和平等对待，而自己已经很久没有像朋友那样与孩子坐下来聊天了，不免觉得有些愧疚。

>>> 有话要说

在一些父母的潜意识里，孩子是自己的骨肉，自己把孩子养育大，就可以把孩子当成自己的"私有财产"，有权力决定和支配孩子的行为，殊不知，孩子其实也是一个独立的人，有自己的意识和愿望，希望得到平等的对待。

在孩子成长的每个阶段，都有自身的心理特点。有的家长不顾孩子的天性和意愿，以过来人自居，越俎代庖地为孩子一生画好明确的路线，让孩子按照自己制定的目标和路线去努力，而忽视了孩子内心真实想法和感受，结果给孩子的心理造成难以消除的阴影，影响了孩子的发展。

现在有很多父母由于受到了传统尊卑观念的影响，很难把自己放在和孩子一样的高度，也很难与自己的孩子成为无所不谈的朋友。事实上，只要做父母的能放下自己的架子，多与孩子沟通，了解孩子的想法，真正地走进孩子的世界，做孩子的知心朋友是很容易实现的。西奥多·罗斯福有句名言："在儿子面前，我不是总统，只是父亲。"如果家长能主动理解孩子，多与孩子平等交流，多尝试走进孩子的内心去，做孩子的知心朋友，那和谐的亲子关系就不难建立了。如果想和孩子平等地交流，下面有两个值得参考的建议：

1. 不要总是盯着孩子的缺点。

不少父母对孩子寄予了厚望，在为其创造良好物质条件的同时也为孩子设定了未来的目标和方向，所以他们的眼睛总是盯着孩子的缺点，翻来覆去地只讲缺点，不提进步。其实，绝大多数孩子已能分辨是非善恶，只是缺少改正缺点的自觉性和毅力。如果父母总是喋喋不休地数落孩子的缺点，反反复复地教训孩子，"我讲话你就是不听""怎么说你才能改呢"，孩子会将此视为不信任，甚至产生逆反心理。这样一来别说做知心朋友了，连正常的亲子关系也会被破坏。

2. 注重和孩子的情感交流。

注重与孩子的情感交流是与孩子成为知心朋友的前提，父母在与孩子交流的时间最好选在吃饭时和睡觉前，因为这是孩子情绪最为平稳的时候。比如，一个母亲如果从小就注重与孩子的情感交流，每天睡觉前都会询问孩子今天的感受和想法，那久而久之，孩子自然就会形成在睡前和母亲沟通的习惯，有什么不顺心的事就像朋友一样告诉父母。有了这样的感情基础，孩子就容易接受父母的建议和忠告，很容易跟父母建立起朋友的关系。

学会像朋友那样与孩子交流，以语言架起平等的桥梁是父母在与孩子交流时应该掌握的一条重要原则，也是维系良好亲子关系的重要法宝，父母们一定要掌握好。

>>> **语言演练场**

马上就要放寒假了，小雨和几个同学商量着放假后一起去哈尔滨看看雪景，因为姑妈就在哈尔滨，到时也能有人照顾。可当他把这想法告诉爸爸之后，却遭到了强烈的反对。

"你们现在才多大啊？几个初中生，就想结伴到处闯荡了啊？你们是不知道这世界多复杂！我不同意。"

"爸爸，我已经读初三了，而且是个男子汉，以前也出去见识过了，而且，姑妈也在哈尔滨，我会听话的，保证没问题。"

面对这种场景，你可能会这么对孩子说：

✗ "不行，我绝不会同意的。"

会"说话"的父母这样说：

✓ "那我先跟你姑妈联系一下，看她有时间照顾你吗？不过，你们几个孩子一起，爸爸还真不放心，到时候你们一定要小心谨慎，听姑妈的话啊。"

"我很理解你现在的心情"
—— 要善于抓住孩子的"心"

肖健的爸爸妈妈常年在外地打工，工作非常忙碌，不能很好地照顾肖健，所以在肖健读小学五年级时就把他送回了老家读书。平时，主要是爷爷奶奶负责照料孩子的生活起居，爸爸妈妈只能隔几天给家里打个电话询问肖健的学习和生活情况。父母每次都希望能跟孩子好好地聊聊,可结果却常常事与愿违。

"儿子,最近在家里乖不乖?有没有听爷爷奶奶的话?想不想爸爸妈妈?"在得知接电话的是儿子时,爸爸迫不及待地问了这些问题。

"嗯,还好。"儿子在电话那头只是简单地回答道。

"儿子,最近学习怎么样了?有没有考试,你的数学成绩有没有进步呢?你们的班主任……?"见爸爸一下子抛出了这么多关于学习的问题,肖健有些不耐烦了,还没等爸爸说完,他就抢着说:"爸爸,您等一会儿,奶奶想跟您说话。"说完,肖健就放下话筒,喊奶奶接电话去了。

爸爸觉得有些沮丧,尽管远在外地,可他非常关心孩子的学习和生活,也十分想多跟孩子直接交流,他觉得只要听听孩子的声音,多从孩子口中了解一些情况,他就心满意足了,可孩子似乎总不愿意跟他多说话,每次打电话都会找一些借口离开。

>>> **有话要说**

上文中的父亲很关心孩子,也非常渴望与孩子进行良好的沟通和交流,可孩子却不愿意多与父亲交谈,其实问题不全出在孩子的身上,父亲也是有责任的,他只是一味地想了解孩子的近况,却忽视了孩子的内心感受,谈话时没能抓住孩子的"心"。

肖健的父亲在和孩子交谈之初,开口闭口询问的都是孩子最近的生活和学习情况,并没关心孩子的快乐和烦恼,没有让孩子真正感受到父母的关怀和爱心,这正是长期与父母分隔两地的肖健很不喜欢的方式。因为长期无法生活在父母的身边,儿子可能有很多成长经历想跟父母分享,有一些事情想得到父亲的指导和帮助,可在学习上却没有什么特别的想法,但父亲在电话中只提及自己的学习,让他觉得很没有意思,也使他觉得父母只是看重自己的学习,并不关心自己的其他成长,所以他在和父亲进行简单交谈之后就迫不及待想走开。这也就是说,这位父亲虽然很关心孩子,想跟孩子谈心,但却没能抓住孩子的"心",导致孩子对父亲封闭了心扉。

为人父母,没有谁不关心爱护孩子,也没有谁不希望与孩子好好沟通,建立良好的亲子关系。但在生活中,一些父母与孩子交谈时,常常不能很好地理解孩子的内心感受,自顾自地说话,结果不仅没能实现交流的目的,还让孩子很反感。事实上,在与孩子交谈中,要想取得良好的效果,抓住孩子的心非常关键。而要做到这样,父母需要注意如下的一些方面:父母应该走出只关心孩子学习而忽视其他方面成长的误区,关心孩子的全面发展,并且在各方面给予孩子鼓励和支持,帮助孩子更好地成长;父母应该设身处地地考虑孩子的内心感受,多了解他们的真实想法,尽量多地在交谈中说一些孩子真正感兴趣的事情,这样才有可能把话说到孩子的"心"里;父母可以多关心孩子的情绪和成长心里,多给孩子一些正面引导和教育,经常对孩子说些诸如"我理解你现在的心情""我知道你现在很恼火,但要知道父母在你身边""我们会一直支持你"之类表达理解和鼓励的话语。

>>> 语言演练场

小柯的妈妈是一家医院的护士长,平时工作非常忙碌,抽不出太多的时间关心孩子,可一有时间,她总会抓住时间多跟孩子谈谈心。在一次英语考试之后,她见小柯情绪有些低落,于是就问:

"小柯,怎么了?你今天看起来好像不太高兴啊。"

"没什么,英语考级成绩出来了,这次没考好。"

"怎么会这样呢?英语不一直是你的强项吗,你上次还考了全班第一呢!是不是最近在学习上遇到了什么困难?要不要妈妈给你找个家教补习一下。"

小柯本来很高兴妈妈能抽出时间陪她聊天,可听妈妈说完这些话,她有些不高兴了。

面对这种场景,你可能会这么对孩子说:

✗ "就这么定了吧,你的基础还算可以,平时多努力,再找个人帮忙补习一下,应该还是能学好的。你以后只要好好学习就好了,不要总想着学习之外的事情,这样很容易分心的。"

会"说话"的父母这样说:

✓ "妈妈知道你自己会有分寸的,我也很理解你现在的心情,你需要自己好好冷静思考一下。如果你需要什么帮助,就跟妈妈说,我一定支持你!"

"有什么困难,可以跟我说说"
——及时了解孩子的问题

晓峰是某中学一名帅气的男孩,出生于一个两代单传的家庭,和其他父母一样,晓峰的父母也对他寄予了很高的期望值,但晓峰的父母在望子成龙的同时也没有忽视与孩子的平等交流和沟通,他们对于儿子的关心可谓无微不至,所以晓峰心里有什么想法、什么成长困惑都会跟妈妈说。

一天,晓峰闷闷不乐地回到家,什么话也没说,妈妈一看就知道晓峰有心事。

"儿子,怎么了?有什么事情想跟妈妈说说吗?"

"心里有些烦!"

"说说吧,看妈妈能不能帮你。"

"今天去上学的时候正好遇到我们班一名女同学,当时她拎的包很沉,我见后就帮她拿了,两人一起走到了教室门口,没想到同学们见了都起哄,连老师也误会了,唉。"

"原来是这样啊!被人误会了,心里一定不好受吧!但妈妈觉得这件事并没有什么好烦的,你热心地帮助同学拿东西是好事,同学和老师的误会只是暂时的,解释清楚了,以后大家都会明白的。"

听了妈妈的话,晓峰心头的阴霾渐渐散开了。

>>> **有话要说**

现在生活条件好了,不少家长以为只要在物质上完全满足孩子，孩子就能好好地学习，将来有出息，好好回报自己，但实际上，在家庭教育中，提供丰裕的物质条件远不如从心灵上关心孩子来得有用，而要关心孩子，首先就应该及时了解孩子遇到的问题和心中的困惑，及时引导孩子并给予支持和帮助。

孩子的成长需要家长的帮助，在平时的生活中，家长要创造机会，多与孩子交流和沟通，多给孩子一些表达喜怒哀乐的机会，不能只关心孩子的吃穿用，更不能只关心孩子的学习成绩。要知道，相比于这些，孩子的喜怒哀乐、孩子近期遇到的问题、孩子的心理健康等更值得关注和关心，所以，家长在生活中要学会做一个有心人、细心人，多抽些时间陪陪孩子，多注意孩子情绪的变化，多为孩子分忧解愁，这样孩子才会和家长更贴心，也才会把心里话和家长说。

及时关注孩子情绪的变化，多询问孩子近期面临的问题和需要得到的帮助是父母在与孩子交流和对话的过程中应该格外关注的重点。多关注这些方面，在孩子需要帮助和引导的时候能及时出手，孩子才能充分感受到父母的关爱和家庭的温暖。比如，当孩子感到难过的时候，可能会有闷闷不乐、砸东西、摔东西或者乱画、大吼大叫等外在表现，当看到孩子有这些表现时，父母应该先给予充分的理解，然后陪在孩子的身边，引导孩子宣泄或者化解心中的不良情绪；在茶余饭后，家长可以请孩子讲讲一天的见闻，说说自己一天中最得意的事情，也可以谈谈自己有什么不开心的地方，这样，父母不仅能及时了解孩子的近况，还能试着分享孩子的快乐，分担孩子的烦恼，时间长了，孩子自然乐意在父母面前"释放"自己的心里话；当孩子遇到困难时，父母在及时了解了孩子的情况之后，可以在与孩子的交流中说说自己的看法和建议，引导孩子走出逆境，自己做好决定。

父母对于孩子的关心和爱护应该是多方位的，及时了解孩子各方面的问题，才能尽早做好准备，帮助孩子成长。

>>> **语言演练场**

艾宁是个胖胖的小女孩，她学习成绩很好，可因为人长得胖，行动不太敏捷，所以在学校她最害怕的就是上体育课，在每周上体育课之前，她都会紧张好几天，而体育课之后的一整天，她也会变得很沮丧。在一次体育课上测试了长跑之后，她闷闷不乐地回到家。

妈妈见她萎靡不振，忙问："小宁，今天怎么了？平时放学回家你都是很高兴的啊。"

小宁："啊，好烦啊，好烦啊！今天的体育课上测试长跑，我这么胖，一点都跑不动，别的同学都跑完了，只有我一个人还要傻傻地跑两圈，好不容易拼命跑完了，老实说不及格还得重考，同学们还都笑话我……"

面对这种场景，你可能会这么对孩子说：

✗ "你的确是很胖，谁叫你平时贪吃贪睡，知道该减肥了吧。"

会"说话"的父母这样说：

✓ "妈妈觉得你很棒，因为你在很吃力的情况下还一个人坚持跑完了，这说明你是个有毅力的孩子。同学们笑话你是因为你很胖、跑得慢,但这是可以改变的,相信你如果从现在开始减肥,平时加强锻炼,体育成绩会跟上来的。"

"多放松,心就不会累了"
—— 帮助孩子化解疲劳感

微微是某重点中学初三的学生,在小学阶段和初中的前两年,她的学习成绩一直很好,始终名列班级前茅,可自从进入初三后,她总是抱怨学习负担过重、压力过大,心很"累",各种测验、模拟考试不断,她开始对考试产生紧张、恐惧、抵触,学习成绩也一落千丈。一次,妈妈主动找微微谈话。

"微微,能告诉妈妈你最近是怎么了吗?你好像在学习上精神头不足啊!"

"初三了,我觉得心理压力很大,我以前成绩那么好,现在也不想落后,可越是这样想就越觉得'心'累,结果上课无法集中注意力,老师布置的功课也不能很好地完成……"

"是觉得现在功课难了,所以学起来有些吃力吗?"

"也不全是。"

"我觉得最主要的原因还是你给自己的压力太大了,因为总感觉到有压力,所以就会觉得疲劳。其实,学习上没必要那么紧张,你以前基础好,学习又一直很用功,只要保持平常心,考试应该都不成问题的。考试前要多放松,注意劳逸结合,这样吧,咱们全家这周末一起去郊外走走?"

从郊外游玩回来之后,微微的紧张情绪果然缓解了不少,之后的日子里,在妈妈的提醒下,她十分注重劳逸结合,学习也进步了不少。

>>> **有话要说**

其实,微微的这种情况属于典型的对考试、学习的抵触而产生的心理疲劳。虽然这种心理疲劳并不是父母强加的,而是微微因为想要保持学习成绩方面的优势而自己加在身上的,但身为父母,当看到孩子有这种倾向时,应该及时进行引导,帮助孩子学会放下心中的重负,以轻松的心态面对学习和生活。

相关的科学研究表明,人的大脑持续工作 8～12 个小时之后,工作能量还像开始时一样迅速和有效率,但由于一些精神和情感的因素,如烦闷、懊恨、不受欣赏、无用的感觉,太过匆忙、焦急、忧虑等,常常会使大脑疲劳的周期缩短。那些情绪上处于良好状态,没有什么压力感的人,很少感到疲劳,而如果情绪状态不佳的人,则很容易就感觉到疲劳了,所以,父母关心孩子,想要帮助孩子缓解疲劳感,一个重要的方面就是要及时引导孩子走出不良情绪。

另外,对于一般人来说,长时间做某一件喜欢的事情,也会感到一些厌倦。比如喜欢学语文,就把所有时间都用在上面,这种做法显然也会导致厌倦疲惫。如果把几个科目换来换去,脑子就不容易厌倦而麻木，头脑始终能保持比较活跃的状态。父母要帮助孩子缓解疲劳感，还可以教育孩子养成科学的学习和做事习惯，让孩子在事情的交替中放松身心，保持大脑的活力。

帮孩子摆脱"心理疲劳"状态最重要的是"减压"。也就是说，父母不要对孩子抱有太高的期望值，而可以试着用不断取得的小成绩激励孩子，使孩子在愉快的情境中消除身心疲劳，比如，父母不妨设个"记功薄"，将孩子的每一次小小的进步记上去，父母给他记的"功绩"越多，孩子越会感到愉悦和自信，长期下去，"心理疲劳"的现象便消失了。在平时的生活中，父母还可以多多鼓励和赞美孩子，这样长久下去，孩子便不会在情绪上浪费大量能量，疲劳感也会逐渐减少。

>>> 语言演练场

小安是一个聪明能干的初中生，由于在学校表现优秀，而且人缘很好，所以他从初一起就一直担任班长，在任职期间，他在功课方面始终保持着优势，也为同学们做了不少好事，可就是为人有些自私，有时候他害怕同学在学习上超过自己，不愿意帮助同学进步。久而久之，不仅同学们对他有些意见，他也觉得自己的心理压力越来越大，时常会感觉到疲劳郁闷，因为找不到人倾诉，他只能跟妈妈说。

"妈，我最近觉得好累啊，学习真吃力！"

"儿子，你怎么有这种想法呢？"

"我不就是想保持学习上的优势吗？不就是害怕自己落后于

其他同学而在学习上没有全心帮助同学吗？有很多人就因此而说我自私，不配做班长了。"

面对这种场景，你可能会这么对孩子说：

✗ "同学们是因为嫉妒你了才这么说的，别管它，继续努力就行。"

会"说话"的父母这样说：

✓ "你觉得心累的原因是既想保持学习的优势，同时也想赢得同学的友谊吧，其实这两方面并不矛盾，帮助别人提高，自己也会有进步的，而且这样做你也会觉得心情舒畅的。如果你觉得学习累了，就多放松放松，多和同学们出去玩一会儿，或者请你的同学们来家里做客，这些都没问题。"

"别难过，有我在你身边"
——用安慰语给孩子以温暖

小么是个特别有爱心的小女孩，她十分喜欢小动物，在她的要求下，家里养了五条金鱼、一只乌龟和一只小猫。平时，小么对饲养的这些动物精心照料，经常与它们聊天游戏。有一次，她饲养的小乌龟死了，她非常伤心，于是就找爸爸诉说。

小么：我的小乌龟死了，今天早上它还好好的呢。

爸爸：不要这么伤心，宝贝，爸爸明天再给你买一只。

小么：我不要另外一只，我只要我的小龟活过来，我喜欢它。

爸爸：别哭了，不就是一只小乌龟嘛，市场上一定有比它还好的，你一定会喜欢的。

小么：我不，我不！我还是很难过，我就要它。

说到这里，小么索性号啕大哭，再也听不进父亲的任何话语了，爸爸只能无奈地安慰她，想其他方法哄她开心，可无论做什么，小么还是哭闹不止。最终，爸爸也被弄得束手无策，开始发脾气了，他对着小么大声喊："不能不讲道理，再哭我就不理你了！"谁知情况却越来越糟糕。小么的情绪也愈益低落。

>>> **有话要说**

无论是在学习还是在生活中，孩子总会遇到这样那样不如意的事情，遭遇挫折和失败，面临正常的愿望不能满足的痛苦，这些经历是孩子在成长的过程中所必然要面对的，少了这些，孩子的成长将会是不完整的。

失败和痛苦是孩子成长经历中不可或缺的一课，只有经历了痛苦的洗礼，孩子才会更坚强地面对生活，只有经受住了失败的磨砺，孩子才能更健康茁壮地成长。身为父母，应该明白这些道理，要知道，父母不可能凡事都为孩子包办，这是不现实的，也是对孩子有害的。当然，孩子面临困难和痛苦，感到伤心难过的时候，父母也绝不能置之不理，毫不关心，而应该给予安慰，尽管父母不能时时为孩子遮风挡雨，但当孩子感到无助的时候陪伴在孩子的身边，以语言和行为进行鼓励，让孩子感受到关爱和温暖还是非常必要的。

当孩子没有得到自己想要的东西或是遭遇挫折时常常觉得难过、沮丧，一些孩子也常常会通过哭泣、发脾气等方式来发泄和表达。当面临这种情况时，父母可以先认可孩子的内心感受，将其心中的真实想法直接点出来，像上文中小么的爸爸就是因为没有捕捉到小么内心的真实想法，忽视了孩子的内心感受而没有达到安慰的效果，所以尽管他已经尽力亲切地安慰小么了，可小么仍旧不领情。其实小么的爸爸完全可以先认同孩子的感受，先表达对小龟之死的伤心和难过，引起孩子的共鸣，然后再一步步引导孩子走出痛苦的情绪。

当孩子遭遇挫折或感到痛苦难过时，父母不仅要认同并说出孩子的感受，而且还要学会以正确恰当的安慰话让孩子感受到温暖。比如，在孩子因为遭遇痛苦而发脾气时，父母千万不能指责孩子，更不能责骂和训斥孩子，而应该给予更多的关怀和爱护，及时抚慰孩子的心灵创伤，让他感觉到关怀；在孩子遭受挫折和失败时，父母在给予安慰的同时，还应该让孩子明白，失败和挫折是每个人经历中不可或缺的部分，经历了，才能更好地成长，无论在什么情况下，父母都会站在他/她的身边，与其一起分担；安慰孩子的话，一定要从关心孩子情绪和内心感受的角度去说，以缓解孩子的不良情绪和内心的痛苦。

>>> **语言演练场**

小童是一个比较内向的孩子，没多少朋友，邻居家的小远是他为数不多的好朋友之一。两人关系友好，经常形影不离。可几年之后，因为小远的爸爸妈妈调到了另一个城市工作，小远也要转学了，分别时，小远将自己心爱的飞机模型送给了小童，小童将之视若珍宝。可有一天，小童的妈妈在打扫卫生时不小心将飞机模型摔在了地上，小童知道后非常生气。

"小远送的这个飞机模型是我最珍惜的，我说过不许你们碰的，您怎么能把它摔在地上呢，真讨厌！"

面对这种场景，你可能会这么对孩子说：

✘ "我又不是故意的。我每天无私地付出，在你心中的分量还敌不过一个朋友的礼物？"

会"说话"的父母这样说：

✓ "对不起，妈妈错了，妈妈知道你很珍惜和小远的友谊，现在飞机模型摔了，心里一定很难过。这样吧，为了弥补过失，等今年暑假，妈妈带着你去找小远玩吧。"

"你看能不能这样"
——尽量多与孩子商量

梅丽虽然今年才读小学五年级，但却是一个很有个性和主见的小女孩，她最不喜欢的就是被人摆布和命令，即使是自己的父母也是如此，如果父母以命令的口吻跟她说话，她总会表现出逆反的情绪,不按父母说的去做。一个周末,梅丽在家里一边吃零食一边看电视,爸爸回来看到桌子和地板上有很多垃圾。

"你没看到地板脏了吗?这么大人了,也不知道收拾收拾,整天就知道玩。"爸爸没好气地对梅丽说。

"嗯,好像不是很脏啊。上次您在家的时候,地板比这还脏,您都说可以等明天再打扫的。"

"你这孩子,怎么这么跟爸爸说话,爸爸忙着工作,可你呢?快点,把电视关了,打扫卫生!"爸爸的口气强硬而坚决,梅丽听后,心里非常不高兴,索性把电视关了,把原来桌上的垃圾全弄到了地上,自己回房间看小说去了。

其实,梅丽本来想吃完手中的零食就打扫卫生的,可爸爸此时却以不容商量的语气命令她,令她十分反感,所以她才选择了和爸爸对着干,如果爸爸能以商量的口气平和地跟她说话,她一定会愉快接受的。

>>> **有话要说**

很多父母常常觉得,自己是一家之主,孩子就应该听从自己的吩咐和要求,然而没有征求孩子的意见,就自作主张地要求孩子去做某事,结果往往适得其反,而且,这也很不利于孩子的成长。就像文中的梅丽爸爸,他并没有完全了解事情就以不可商量的口气下命令,结果引来了孩子的反感,孩子不但不听,还故意跟爸爸对着干。

现实生活中,还有些父母,虽然征求了孩子的意见,但只是象征性地问问孩子。很多时候,父母会觉得孩子的意见不成熟,最终还是主观地按照自己的意见去行事,而将孩子的意见弃之一旁。

以上的两种做法都是欠妥当的。家长应该明白,孩子也是独立的人,尤其是处于青春期的青少年,自我意识逐渐增强,更渴望得到家长的尊重和平等对待,如果父母经常给孩子下命令,不和孩子商量就自作主张,只会让孩子觉得父母是在以家长身份施压,感觉到父母是想显示自己高高在上的地位,有些孩子还会将这一行为理解为父母对自己个性和尊严的忽视及对自己独立能力的不信任,这样,孩子心中的不满、孩子的逆反情绪就很容易被激发出来,孩子自然更不愿意听从命令。

在家庭生活中,父母如果想要求孩子做某事和不做某事,应该少用强硬的命令,而尽量以商量和请求的语气来代替,尽量多使用"你看能不能这样""我们想听听你的意见""请你帮个忙吧"等话语。虽然提出的要求还跟原来相同,但只要父母灵活地改变语气,孩子的理解就会迥然不同。无论是一两岁的婴幼儿,还是十七八岁的青少年,可能都有自己的想法,尤其是与自己密切相关的事情上更是如此,因此,孩子的事情最好能放手让孩子自己去选择,父母只需要在一旁加以引导和帮助就可以了,即使父母有自己的想法,也要通过商量的方式,把自己的意见传达给孩子,让孩子权衡利弊后再做出选择。总之,父母凡事要学会与孩子商量,这样不仅可以增加相互之间的理解，避免许多无谓的争吵，而且还能够教会孩子为人处世，促进孩子健康成长。

>>> **语言演练场**

小泉今年刚上初中，可独立意识已经非常强了，他遇事有主见，也喜欢表现自己。这年，他的爸爸妈妈拿出多年的积蓄，买了一套宽敞的新房，关于新房的装修，爸爸妈妈还在讨论中，并没有得出最终的方案。一天晚上，见父母又在商量装修问题，小泉插嘴道：

"爸爸妈妈，关于新房装修我也有自己的一点小看法，不知道能否说说。"

"你还这么小，能有什么有价值的意见啊？"

"我已经读初中了，不小了啊！我也希望将新房装修得漂亮一点。"

面对这种场景，你可能会这么对孩子说：

✗ "真是凑热闹，爸爸妈妈都商量这么久了还没有更好的方案，你能有好点子？"

会"说话"的父母这样说：

✓ "你说得很有道理，不妨说说看。你也是家庭的一员，装修这么大的事情是应该听听你的意见。"

"父母也是怕你受到伤害"
——付出关爱,更要动之以情

小明正读小学六年级,性格活泼好动。在放暑假的时候,妈妈因为工作忙而将小明送到了乡下的姥姥家。刚来到姥姥居住的乡村,小明就和这里的同龄孩子打成了一片,他经常和几个调皮的男孩在家门前的树上爬上爬下,还经常坐在树上朝下面扔树枝,尽管姥姥和姥爷多次制止,他仍然不听。

妈妈见了,大声地训斥道:"小明,爬树很危险,你怎么能这么调皮呢?还不快下来!"

"可是其他的孩子都爬,也没见有什么危险啊。"小明辩解道。

"你们再爬树的话,树枝会断的,到时候你就很可能会摔下来,要是摔伤了怎么办?你怎么这么不懂事,在家教育了你多少次,你怎么就是不听啊。早知道这样,就不带你来姥姥家了,把你关在家里写一个假期的作业!"

小明本来想爬上树过过瘾的,可听了妈妈的这些话,他反而在树上玩得更起劲了。他知道如果自己马上下去的话可能还会遭到更严厉的责骂。妈妈甚至可能将自己关进屋子里,这样就会失去自由,还不如索性待在树上。

>>> **有话要说**

父母对于孩子的关爱是无私而伟大的,每个父母都希望自己的孩子能健康快乐地成长，多体验成功的喜悦，少受到伤害，所以常常会在语言上教育孩子远离伤害，也会采取各种措施保护自己的孩子，然而，要想真正达到教育的效果，让孩子听话，却不是父母一厢情愿就能做到的。

在安全教育方面，父母教育的目的是让孩子听话，远离危险，学会保护自己，而要实现这样的目标，让教育有成效，父母在对孩子提出要求、拒绝孩子的不合理请求，或是制止孩子的不当行为时，既要付出关爱，同时也要动之以情晓之以理。

动之以情，就是要充分付出关爱，多站在孩子的立场来考虑问题，在体谅、尊重和关心孩子内心感受及情绪的同时学会把话说到孩子的心窝里，让孩子真正理解、接受父母的做法和要求。

晓之以理，就是要以恰当的方式来对孩子进行理智上的教育。父母给孩子讲道理一定要切中问题的关键，要想办法根据孩子的理解水平说出自己这样做的理由和苦心，让孩子能从内心认同自己的观点和做法，明白父母这样做是为了他好，切忌空洞的说教或是过分严厉的惩罚。

父母如果想让孩子听话，并按照父母的意愿做事情，在说话之前，可以多了解孩子内心的感受和想法，根据孩子的成长特点、性格特征和理解水平来选用合适的语言和教育方式，确保孩子能在情感上理解自己的语言，接受自己的要求。这样一来，孩子才能心服口服地听从父母的意见，而且不会产生任何的负面情绪。

>>> **语言演练场**

菲儿今年读初二,对新鲜事物充满了好奇心。最近,她迷上了上网聊天,还结识了不少网上的朋友。一天,她突然对妈妈说,她约了一个同城市的网友见面聊天。

妈妈觉得网上认识的人都不怎么靠谱,女儿阅历还浅,为人单纯善良,这样做很不安全,所以就制止道:"不行,网上的东西都是虚幻的,你连别人的姓名、长相都不知道,怎么能随便见面了,万一遇到骗子怎么办?"

"谁说我不知道对方的姓名和长相了,谁说网上就没有真话和真实的语言了,我们在QQ上很聊得来,还相互传了照片……"

面对这种场景,你可能会这么对孩子说:

✗ "跟你说了网上的都是骗子,你怎么这么不听话,到时上当受骗了,吃亏的是你啊!"

会"说话"的父母这样说:

✓ "妈妈不让你随便见网友,是担心你受到欺骗和伤害。我不是说网上没有真诚的友谊,只是在我们还不怎么了解一个人的时候千万别轻易下结论,这社会很复杂,网上的骗局很多啊。再说了,即使对方是真诚的,也未必是你想象中的那种人,父母一定要保护好你。这样吧,如果你一定要见的话,妈妈可以陪你去!"

"你的偶像我也很喜欢"
——投其所好,赢得孩子的心

正读初二的元元聪明而外向,他平时活泼开朗,喜欢追求时髦,在今年,他疯狂地迷上了听歌和唱歌。平时无论是在课间还是在上下学的路上,他总是戴着耳机,播放着自己喜爱的音乐。不仅如此,他还有自己崇拜的音乐偶像,那就是周杰伦。偶像的歌碟,他几乎都有,他常会津津有味地谈论自己的偶像,并且还喜欢模仿偶像的声音、动作。爸爸也不反对元元有一些课余爱好,但对于他痴迷模仿偶像的行为非常不解。

"就不知道你整天哼哼哈哈地在唱些什么?别人唱歌口齿不清,这个你也要学?"

"你如果喜欢听歌和唱歌就好好学,如果你想要在这方面有所进步的话,可以学一些民歌嘛。或者,干脆爸爸送你去上声乐班吧,说不定能发现你的潜力。"

这是爸爸在听到儿子唱周杰伦的歌时经常说的话。多数时候,元元并不会听爸爸的絮叨,而总是继续戴着耳机,自顾自地回房间继续唱。有时,他甚至还会反驳爸爸几句,然后径自走开。

>>> **有话要说**

上文中的元元爸爸本来是关心孩子的成长,想要好好地跟孩子谈谈,以拉近亲子间的关系,可结果却因为说话不符合孩子的心意而遭到了孩子的排斥和反感。这说明想要拉近与孩子的距离,实现顺畅沟通其实也是需要智慧的。

在生活中,一些父母因为屡次尝试与孩子建立良好的互动关系失败就认为父母与孩子间天然地存在着代沟,而且是难以填平的,这其实是不正确的。父母与孩子间的交流难以顺利进行,并不是因为不同辈分的人之间天然存在着代沟,也不完全是由孩子的不懂事造成的,根本的原因在于父母缺少沟通的智慧。现实生活中,一些父母在跟孩子对话时,常常会不自觉地以自我为主导,围绕自己关心的话题展开交谈,如父母经常会询问孩子的学习成绩、孩子的饮食起居、孩子的特长培养等,可却忽视孩子此时最想交谈的话题和真实感受,忽略了孩子平时真正的爱好和想法,从而使得交谈受阻,亲子关系疏远。

要想拉近与孩子的距离,缩小与孩子间的差距和代沟,有一个最简洁有效的办法,那就是投其所好,先赢得孩子的心,只有这样,所有的教育和交谈,亲子之间的良好沟通才有可能变成现实。像上文中的元元爸爸,如果能先投其所好,先表达出对孩子崇拜偶像行为的理解,照顾好孩子内心的感受,然后再一步步进行引导和教育,或许就能缩小父子间的距离,更好地开展教育。

在与孩子对话时投其所好,父母先要付出关爱,多抽些时间来关心和了解孩子的生活状况,父母在平时需要多了解孩子的兴趣爱好,多关注孩子所关心和重视的人和事物,多抽些时间倾听孩子的内心感受,如听孩子说说每天的趣事,多关心孩子成长的快乐和烦恼等。做好了这些基本功之后,父母在与孩子进行对话时，可以多涉及这些方面，更多地谈论孩子关心的话题，适当多说一些孩子喜欢听的话，这样才能更容易打开孩子的心扉，使孩子变得愿意与父母多交流和沟通，从而建立和谐融洽的关系，这样教育孩子时，孩子才会听，并且努力去做。

>>> **语言演练场**

云云是一个乖巧的小姑娘，为人聪明机灵，讲文明懂礼貌，可就是喜欢看电视和电影，对于影视明星的崇拜可谓到了痴迷的程度，还常常因为追星而耽误学习。平时，只要是她喜欢的明星主演的影视剧，她几乎会全部观看，而且，她还喜欢收集影视明星的画册、照片、歌碟等，哪里有明星的演唱会、签名会等，她也经常会想办法去参加。她妈妈因此而倍感头疼，也十分想教育教育自己的女儿。

"你手上拿着的是什么？"

"××大明星的画册啊，他长得非常帅，最近主演了不少影视剧，是我的偶像。"

面对这种场景，你可能会这么对孩子说：

✘ "整天就知道搞偶像崇拜，不要因为追星而耽误学习，还是现实点吧。"

会"说话"的父母这样说：

✔ "这个明星我也喜欢呢，他不是主演了××、××等电影吗，人长得是帅，但他却不是靠帅气立足于影视圈的，更让人欣赏的是他的才华和能力……"

"我们都很喜欢打球"
——努力寻找共同话题

因为爸爸妈妈平时的工作很忙,小于从小就是跟着爷爷奶奶长大的,直到上初中时,他才被再次接回到父母的身边。由于长期没有跟父母生活在一起,小于起初与父母的关系并不是很好,喜欢跟父母对着干。他妈妈在多次尝试沟通失败之后,听从了教育专家的意见,开始试着走进孩子的生活,努力寻找着与孩子的共同话题,以弥合与孩子间的距离。在知道儿子喜欢打球之后,她终于找到了突破口。

"儿子,今天是周末,你想要打球吗?妈妈有段时间没运动,很想去活动活动筋骨。"妈妈说。起初,孩子十分不愿意和妈妈一起去运动,总找各种理由推脱,可几次之后,他终于答应了。

在球场上,母亲和儿子配合得非常默契。打完球回来,妈妈用略带佩服的语气说:"儿子,你在球场上表现真棒,没想到遇上高手了。""今天我很愉快,因为我们都喜欢打球,以后再一起切磋。"听完这些话,小于会心地笑了笑,与妈妈的距离感也消失了不少。

>>> **有话要说**

在生活中,不少父母都发现,孩子越大,与自己的关系越疏离,特别是处于青春叛逆期的孩子,与父母间的关系特别容易僵化。一些父母还觉得,自己的孩子很善变,在学校和在家里判若两人,在学校活泼开朗,在家里却沉默寡言。

其实,正处于青春期的孩子或多或少表现出对父母的疏远是一种正常的现象,青春期的孩子,生理和心理都处于发育的时期,其心理上的自觉意识不断增强。他们渴望挣脱父母的束缚,按照自己的意志安排生活,同时也希望父母能给予更多的理解和支持,而当这些愿望得不到满足的时候,他们就常常会表现出叛逆和不满。

同时,父母与孩子间交流受阻还与彼此间缺乏共同语言有关。一些父母常年忙于工作,忽视了与孩子的交流和沟通,而在想到要与孩子交流时,又常将侧重点放在孩子的学习和教育上,却对孩子真正感兴趣的事物置之不理。另外,对事物的看法不同,处理问题的方式不同等也直接导致了亲子之间交流的阻断。

想要化解这种僵化的亲子关系,最好的方式就是试着和孩子真诚地做朋友,努力寻找和孩子的共同语言。父母关心孩子的成长,想要真诚地与孩子交流,就应该允许孩子有自己的想法,并鼓励孩子说出自己的真实感受,同时,父母还应该不断充实和提高自己,多关注一些新事物、多关注孩子喜欢的东西,努力让自己的思想跟上时代的步伐。比如,当喜欢篮球的孩子想看NBA球赛时,父母就不要因为看电视剧和他抢频道,而要尊重和理解孩子;当孩子和同学们因为踢足球回家晚了,而且弄得一身臭汗的时候,父母可以少一些抱怨和责骂,多一些关心和支持;当孩子喜欢流行歌曲的时候,父母也不妨尝试着学会哼唱几句,体会一下孩子的感受；当孩子成功时，多分享他的成就……当孩子觉得自己的一切都有人理解、有人关心的时候，就会主动敞开心扉，将父母当成自己的朋友了。

>>> **语言演练场**

　　正读初三的儿子疯狂地喜欢上了踢足球，在每天的课间和放学后，他都会和几个小伙伴一起踢球，有时甚至会因此而很晚才回家写作业。不仅如此，他还迷恋上了足球节目和几个足球明星，不管是什么级别的足球比赛，只要不用上学，他都会守在电视机前观看，而对于自己喜欢的足球明星，他则会在言行上进行模仿。爸爸很想好好与他聊聊，对他进行正确引导。

　　一天，看到儿子踢球回来，爸爸问："放学后，你去干什么了呢？"

　　"去踢球，我们今天踢得可开心了。"

　　面对这种场景，你可能会这么对孩子说：

　　✗ "每天就知道踢球，你的功课完成了吗？先要好好学习，然后才能去玩。"

　　会"说话"的父母这样说：

　　✓ "儿子，你每天去踢球，踢球技能进步了不少了吧！爸爸以前也非常喜欢踢球，很好玩，而且还能培养一个人的毅力和团队协作精神。儿子，爸爸一直都很想跟你分享一下踢球的收获和心得呢！"

第六章

远离伤害：
永远不要对孩子说的 8 句话

"随便你了"
——切忌对孩子不闻不问，放任自流

余涛的父母平时工作都比较忙，自己抽不出什么时间照顾和关心孩子，所以余涛从小到大的多数时间都是跟着爷爷奶奶一起过，由于爷爷奶奶对他有些溺爱，渐渐地就养成了一些坏习惯，如比较自私、任性、懒惰等。

一天，余涛的爸爸出差回家看孩子，看到余涛正在家里对着奶奶发脾气，他一边扯着奶奶的头发，一边还对奶奶说着很不礼貌的话，爸爸大声呵斥道："余涛，奶奶平时对你那么好，你怎么能这么对奶奶呢？"

"不用您管，反正您平时都不怎么理我，现在管我做什么！"余涛理直气壮地说。

"我是你爸爸，我怎么就没有资格管你！"爸爸十分生气了。

"您还知道是我爸爸，那您平时怎么什么都不管我，别人都有爸爸辅导功课，可我没有，当别人受了委屈可以找爸爸哭诉，可我不能……"孩子越说越委屈，居然哇哇大哭起来。爸爸一时手足无措，愣在了一旁。

>>> **有话要说**

当前，一些父母鉴于严格管教孩子的弊端，主张让孩子顺其自然地成长。实际上，这种观念也是有偏颇的，对孩子管得太严极易使孩子反感和产生逆反心理，而对孩子不闻不问、放任自流则不能很好地引导和教育孩子，而且这种教育方式危害更甚于前者。

认为"树大自然直"，对孩子的行为放任自流的父母实际上是忽视了孩子成长的特点及这个过程中环境因素的重要影响。在最初的时候，孩子本身就是一张白纸，后天的教育和环境对于孩子的个性形成和发展、思想观念和道德品质培养等有深远影响。

孩子的思考力、判断力等各方面能力都是不怎么成熟的，思想意识、道德品质也缺乏规范，很容易受到外界环境的诱惑和影响，如果他们"顺其自然"生在一个良好的环境中，自然是件好事，但如果孩子成长的环境没那么良好，或者身处一个恶劣的环境之中，他们就很容易受到不良的影响，染上一些坏习惯。现如今，科学技术高度发达，社会日益复杂，青少年获取信息的渠道、方式等都有了很大的变化，青少年面临的诱惑也更多了，如果不好好引导和教育，孩子偏离正确人生轨迹的机会也大很多。

因此，要想帮助孩子健康成长，父母应该进行适当的干预和引导，切忌对孩子不闻不问、放任自流。但在管教孩子的时候，父母应该需要掌握这两个要点：

首先，父母应该掌握好分寸和尺度，切不可管得太严或者放任自流。正确的教育方式是使家庭教育顺利进行的重要基础，父母只有先掌握好管教的分寸和尺度，既关心和爱护孩子，但又不过分限制孩子，不约束或缩小孩子自由发展的空间，积极为孩子创造出愉快轻松的环境，孩子才能健康成长。

其次，父母应该随时做好孩子的榜样，在教育孩子之前先纠正自己的不良行为。家庭是孩子接受教育的第一课堂，父母就是孩子最初的老师，只有父母先做好示范，孩子才会照样学样，接受好的影响，当父母自己行为不端时，孩子也会出于模仿而做出不好的行为，所以，想教育好孩子，父母先要以身作则，纠正自己的不良行为。

在教育孩子的过程中，父母会遇到很多问题，但只要父母心中有爱，坚持正确的教育方式，总能教好孩子。

>>> **语言演练场**

张良的父母一直相信"树大自然直"，认为在孩子的成长中，父母应该为孩子营造一个宽松的环境，由于两人平时的工作就比较忙，所以他们在很多事情上都给了孩子充分的自由，很少关心和过问孩子的行为。

有一天晚上，张良很晚才回家，爸爸已经在家等了很久，看到他回来了，便问："儿子，你今天去哪里了，怎么这么晚回来啊！"

"爸爸，你平时不是说要给我充分的自由吗，怎么管起我来了？"张良回答。

"爸爸这不是担心你吗？"

"别，我不需要这样的关心，还是习惯你不管我，这样我就能干自己喜欢的事情，每天和自己喜欢的人玩了。"

面对这种场景，你可能会这么对孩子说：

✗ "唉，随便你了！"

会"说话"的父母这样说：

✓ "父母说要给你自由，并不意味着我们会对你不闻不问，放任自流啊，更不是说你可以随意做不好的事情，我们平时是相信你、尊重你才会那样，你可别理解歪了。对于你的行为，我们还是会严加管教的！"

"你必须马上去做"
——命令只会让孩子反感

"琳琳，你怎么还在磨蹭啊，你必须赶快起床了，否则我们两个都得迟到，我可没有时间等你。"

"快点，马上把牛奶喝了，然后背上书包，咱们马上出发。"

"琳琳，快点去帮妈妈倒杯水。"

"去，帮妈妈拿张椅子过来。你还在干什么，妈妈的话没听到啊，快点。"

"都放学这么久了还不写作业，快去先完成作业，之后才能出去玩。"

……

琳琳的妈妈是一个家长制意识比较浓厚的母亲，只要她在家，每天都会对琳琳发号施令，她认为对于孩子的教育应该从小抓起，任何时候都不能松懈，所以在平时教育孩子时应该体现出威严，正因如此，妈妈经常以命令的口吻对琳琳说话，最常说的就是"你必须马上去做""你绝不能这样做"等，殊不知，对于她的这种说话方式，琳琳已经非常反感了，她讨厌母亲总用这种命令的方式让她办事，为此经常表现出反感和叛逆的情绪，总喜欢跟妈妈对着干。

>>> **有话要说**

不少父母喜欢根据自己的意愿安排孩子的行动，动辄发号施令或是斥责孩子，这实际上是非常不好的。孩子虽然还小，但也有着自己的独立思想和感情，他们更希望按照自己的意愿办事，在他们看来，父母命令式的说话方式，不仅是家长权威的流露，也是双方地位不平等的表现，所以，在家庭中，父母发号施令的说话方式不仅无法令孩子信服，还很容易激起孩子的叛逆情绪。当面对家长的命令时，孩子有时候会不得已而去执行，但更多的时候则会表现出反感和反抗的情绪。因此，家长如果想让孩子愉快地接受自己的教育，或者让孩子帮忙做一些力所能及的事情，应该避免对孩子发号施令。

教育孩子是要讲究技巧的，而要孩子乖乖听话、服从教育，更需要父母动用智慧，具体来说，在家庭教育中，有这样一些智慧是父母必须努力掌握的。

首先，在生活中，家长如果要求孩子做某事或者快点行动时，可以试着改变命令式的口吻，而改用商量式的口气。因为不管在什么条件下，命令在人看来都是不平等的，而商量的口气则会让孩子感受到平等和尊重，才更有利于拉近父母与孩子间的距离，只有这样，孩子才更容易接受父母的教导，按照父母的要求办事。

其次，父母在避免发号施令的同时还可以采用一些灵活的说话方式来增强教育和说话的效果，如父母在要求孩子办事情的时候可以通过讲道理、表扬、鼓励等方式让孩子体会到行动的价值；父母在希望孩子立即行动时可以采用激将法、游戏比赛的方式来激励孩子的行为等。

但在这个过程中，父母应该注意，凡事学会与孩子商量，学会尊重和理解孩子，并不意味着父母就应该放弃管教的责任，纵容孩子的不良行为。

>>> **语言演练场**

火火是个十分爱睡懒觉的学生，每天早上闹钟响了好几遍了他仍然不愿意起床，妈妈因为担心他上学迟到而不得不一次又一次地到他的房间催促他，可尽管如此，他仍然赖在床上不起。

"火火，快点起床了，你的闹钟已经响了，还不起来今天又要迟到了。"

"火火，怎么还不起来啊，你看都几点了，你必须马上起来了……"

"嗯，马上。"见妈妈已经叫了好几遍，火火只得答应道，可说完之后，他按停闹钟，仍然赖在床上不愿意起来。

面对这种场景，你可能会这么对孩子说：

✗ "你必须马上起来了，马上穿衣服，然后去洗脸刷牙，之后再把桌上的牛奶喝了，必须马上这样做，快点！"

会"说话"的父母这样说：

✓ "小懒虫，再不起来就真要迟到了，妈妈已经准备好要去上班了，你起得太晚我可不等你了，到时你自己打车去学校吧。在你们学校，迟到了会影响班级荣誉的吧，老师免不了会批评你，同学们可能会笑话你，你今年得优秀的目标也有可能会受到一些影响了……

"我是家长，我说了算"
——以权压人不可取

"文文，不可以再看电视了，回屋里写作业去。"

"你怎么功课还没有复习就上起网来了呢？你到底还想不想好好念书啊？要是作业没写完你今晚就别吃饭了。"

"这周末我和你爸爸要出去郊游，你要是这次考试没有考好，这周末就自己一个人乖乖在家学习。"

每当听到妈妈这样和自己说话的时候，文文的心里总不是滋味，有时他实在忍不住了，便会对妈妈大声嚷嚷说："为什么？你们凭什么管我管得这么严？"然后还会唉声叹气地抱怨说："我真是一个倒霉的孩子。""这世界实在是不公平，为什么你们大人晚上回到家之后就能看电视、上网、休息，而我学习了一天，回到家还得继续学习。""我真是辛苦啊！我真不想做学生了。"

听到文文这样的抱怨之后，妈妈有时候还会给他说说道理，但很多时候却是严厉地训斥说："我是家长，我说了算！""你是学生，现在的主要任务就是学习，想做主，等工作了以后再说。"

>>> **有话要说**

反观时下的家庭教育，很多父母管得太多、太严，孩子吃什么，穿什么，玩什么，业余时间干什么，上哪儿去，都要接受父母的严格管教，在强烈的管教意识和控制欲望的作用下，不少家长动不动就会摆出家长的权威，要求孩子完全按照自己的意愿办事。然而，这种以权压人的命令方式很多时候并不能取得很好的教育效果，反倒激起了孩子的反抗情绪，使孩子找不到自我发展的空间，这就像握在手中的沙子，越是用力抓紧，从指缝中漏掉的也就越多。

在家庭教育中，"我是家长，我说了算"的意识对于营造良好而和谐的亲子关系，增进亲子间的交流和沟通是十分有害的。其实，与其总是以权压人，还不如友好地多与孩子交流和沟通，多给孩子的心灵成长留一些空间。教育孩子时，家长最好是先让孩子从内心理解自己，多一些协商和尊重，少用家长的权威压人，在这样一个平等宽松的家庭环境中成长的孩子才能真正从内心理解和尊重自己的父母，真正心服口服地听从父母的劝告。

在转变以权压人和粗暴的教育方式的同时，父母还可以多采用一些灵活有效的教育方式，但理解和尊重孩子应该是最重要的出发点，尤其对于处于敏感期的孩子，更应该如此。孩子不听话、有意无意地顶撞家长在孩子的成长过程中是不可避免发生的事情，这其实是很正常的寻求心理平衡和自我价值的方式，家长所要做的并不是镇压孩子的这种叛逆情绪，而应该付出更多的理解和尊重，以谆谆教导指引孩子，以切实行动感染孩子。

学会理解和尊重不仅是家长应该教会孩子的内容，同时也是家长应该学习的，每个父母都应该明白，孩子也都是有感情、有思想的，强权和镇压并不是解决问题的正确途径，唯有以心换心，让孩子感受到关爱和尊重，孩子才有可能发自内心地信服和接受家长的教育。

>>> 语言演练场

小方是初中二年级的学生，在期末考试之后，他终于等来了盼望已久的暑假。

"爸，明天开始放暑假了，我想先去外婆家玩几天。乡村的空气清新，而且表哥和表姐也都放假了，在一起有伴。"

"你明年就要读初三了，而且你的数学成绩一直不好，爸爸正计划着这两天给你去报少年宫举办的假期数学补习班呢。"

"暑假还有这么久呢，我上学这么辛苦，总要有点时间休息休息吧。"听了父亲的暑假安排，小方只能无奈地说。

面对这种场景,你可能会这么对孩子说:

✘ "什么?下学期都是毕业班的人了还这么贪玩,假期的计划我已经帮你安排好了,我是家长,我说了算,你就乖乖做就好了。"

会"说话"的父母这样说:

✔ "去外婆家玩是可以,但是你明年就要毕业了,想想这几次如果不是因为数学成绩拖了你的后腿,你的成绩不就排在了班级前几名了吗?而且,少年宫今年暑假的补习班就是最近几天开课,要不这样,咱们先继续学习,暑假还有这么长时间,之后爸爸再送你去外婆家?"

"你要好好读书"
—— 空洞说教易让孩子反感

"妈,今天是我们班同学过生日,我们几个好朋友约好了晚上一起去聚餐,可以吗?"

"你下午放学回来不是还要写作业和复习吗?"

"我保证写好作业复习完之后再去,而且我一定会在晚上八点之前回来的,这样总可以了吧。"

"你现在怎么就知道玩而不知道好好学习,这样以后怎么得了?现在的社会,只有好工作才能赚钱,才能保证你以后过上美好的生活,想要找到一个好工作,现在就必须好好读书……"

还不等母亲说完,女儿就不耐烦地接过话茬:"你接下来又想说,现在好好读书,才能考上重点中学,之后才能考重点大学,毕业后才可能找得到好工作了吧?"

在女儿小敏的记忆中,妈妈教育她要好好读书的这番话不知说了多少遍了,反正她已经听得耳朵起茧了。她觉得妈妈这样的说教很枯燥乏味,于是就瞪了妈妈一眼,戴上自己的耳机继续听音乐。

妈妈非常关心小敏的学习和成长,为了女儿,可谓是煞费苦心,她总会抓住和女儿交流的机会,不厌其烦地给女儿讲大道理,教育女儿为了将来有出息,现在一定要好好读书。可女儿似乎总不领情,甚至还经常心生怨言,觉得妈妈唠叨。

>>> **有话要说**

给孩子讲道理是不少父母喜欢且认为非常必要做的事情。细心教育孩子,帮助孩子找到正确的前进方向以避免孩子走上歧途是父母的职责,可在教育孩子时,切忌空洞说教。

空洞的说教不仅难以达到教育的效果,反而非常容易让孩子反感,尤其是青春期的孩子和年幼而不懂事的孩子。对年幼而不明白事理的孩子说教,无异于对牛弹琴,孩子除了觉得父母总喜欢用语言教育人之外,根本就听不懂你说的是什么意思;而对于青春期的孩子来说,他们正处于内心渴望独立、自立能力逐渐增强的阶段,他们已经明白了很多道理,只是有时候可能因为控制不了自己,或是缺乏经验、能力而做出了某些不当的举动,只要稍微点拨,他们就能明白。空洞的说教看起来很必要,但在教育孩子时其实是没有必要的，甚至是有害而无益的，因为空洞的说教并不能说到孩子的心里并引起共鸣，这样，孩子就无法真正明白父母的苦心，甚至经常会觉得父母唠叨，到头来，不仅父母辛苦，孩子也反感且不接受，从而极大地影响了和谐亲子关系的建立。

如果您也是喜欢给孩子空泛地讲道理，以督促孩子学习和成长的父母，那么不妨参考一下如下的一些建议：

首先，父母应该放弃烦琐而冗长的说教，代之以具体、形象的教育方式，比如，在教育孩子好好读书时，可以讲讲自己在艰苦环境中的求学经历，以鲜活生动的实例来阐释道理，或是可以跟孩子说说一些名人类似的经历，让孩子自己感悟和理解事理。

其次，父母应该始终谨记，再好的说教都不如以身作则。父母是与孩子接触最频繁的人，也是孩子最好的老师，想要获得良好的教育效果，并不是靠讲大道理就能完成的，与其总是说大道理，还不如以自己的实际行动感染和教育孩子，把好的习惯传递给孩子。没有以身作则，只有空洞说教，想要改变孩子，只是空谈。

总之，父母在教育孩子时应该顾及孩子的感受，学会把话说到孩子的心里，而不能为了管教而教育，总是说一些空洞的道理。

>>> **语言演练场**

放学后，读小学六年级的小宁完成了老师布置的作业之后便打开电脑上起网来，妈妈见了，严厉地说："你的作业写完了？已经复习和预习了？"

"今天的作业已经完成了，我就玩15分钟，待会就复习和预习。"小宁回答。

面对这种场景,你可能会这么对孩子说:

✗ 不行,绝对不可以。上网会浪费学习的时间,而且长期沉迷于网络还会让人心智涣散、视力下降。你现在的任务是好好学习,只有学习好,将来才有好的前途和工作……

会"说话"的父母这样说:

✓ "好吧,你可以稍微上网玩一下,但是,不能太久了,因为上网久了视力会下降,以后就得像妈妈一样戴眼镜了。上网虽然也能增长见识,但也会影响学习的,你要懂得节制,把更多的时间放在学习上。"

"有本事每次都拿第一"
——请调准你的"期望值"

"妈妈,我这次语文考了98分,全班第一名。"正读小学五年级的通通放学之后还没进家门便迫不及待地从书包里拿出试卷,进屋之后冲着妈妈大声地喊着。

妈妈此时正在做家务,听到孩子的话并没有表现出十分兴奋的神情,之后,她淡淡地说:"考一次第一有什么了不起,有本事次次拿第一。"在看完试卷之后,妈妈指着通通写错的地方说:"你看看,这么简单还出错了,怎么这么不细心啊?而且,你这次考试的卷面也不整洁，在毕业考试时会扣分的。"

紧接着，妈妈又展开了进一步的教育。听着妈妈的教导，通通原本的喜悦心情一扫而光，代之以沮丧的情绪，她觉得妈妈实在是太扫兴了，而且对自己的要求过于严苛。

其实，妈妈在心里也为女儿这次的成绩而感到骄傲，但为了勉励孩子，她每次总是会不自觉地以更高、更严格的标准要求孩子，希望以这种方式激励孩子不断进步，谁知，效果却适得其反，此后，通通取得了好成绩之后便不再跟妈妈分享，而且学习热情锐减。

>>> **有话要说**

世界上的每一个人都不是完美的，父母是这样，孩子也是这样。忽视孩子身上的优点和已经取得的成绩对孩子提出过高的要求，过分追求完美，实际上是不现实的，也是很容易激发亲子间矛盾的。通通妈妈关心孩子的成长，希望其不断进步的出发点是好的，但由于她没有调整好自己的期望值，只看到了孩子的缺陷和不足，却没有意识到孩子已经取得成绩，也没有及时给予表扬和奖励，结果打击了通通的学习热情。

现实生活中，很多家长都对孩子有着较高的要求和期待，希望孩子能多拿"第一"，并且最好"每次都能拿第一"，尽管孩子已经做得很好了，可这些家长却只看到了孩子的错误和瑕疵，这无异于鸡蛋里挑骨头。

父母如果总是忽视孩子身上的优点，而无限放大孩子的缺点,动不动就指责孩子的小毛病,并时常表现出对于孩子的不满,就很有可能会使孩子的积极性受到打击,在各方面都表现得十分不自信。

因此,为了杜绝这些情况的发生,父母要随时注意调整自己的期待值,不能"鸡蛋里挑骨头"。首先,父母应该学会接受孩子成长中的不完美,以正确的心态教育、培养孩子,而不能对孩子过分施压;其次,父母需要根据孩子的表现和成长阶段调整自己的期待值,多看到孩子的优点和进步之处,多采用表扬和鼓励的方式激励孩子,少在孩子的缺点上斤斤计较,从而促进孩子健全人格的形成和发展。

孩子的成长和进步,不仅需要自身付出努力,也需要父母的帮助和激励,好父母才能教出好孩子,所有的父母一定要记住这点,在调教孩子时根据孩子的特点和具体情况适时调整自己的期望值,帮助孩子茁壮成长。

>>> **语言演练场**

小乐今年刚读初三,因为在学习上态度认真,刻苦用功,他的成绩已经由原来的 20 名左右上升到前 10 名,而且,在前不久的语文竞赛中,他还得了年级一等奖,他为自己的进步感到十分高兴,也很希望能和父母分享自己的喜悦。

"爸爸,我在这次的语文竞赛中得了年级一等奖,全班就我一个人,看看,这本漂亮的笔记本就是我得到的奖励。"一回到家,他就眉飞色舞地跟爸爸说。

面对这种场景，你可能会这么对孩子说：

✗ "怎么，都高兴得找不到北了啊，这次得第一并不代表什么，只有每次都拿第一才能说明你真正的水平。谦虚一点，继续努力。"

会"说话"的父母这样答：

✓ "爸爸真为你感到高兴，能取得这样的成绩你一定费了不少苦心吧，这段时间你的确是进步了，也懂事了很多。快，拿你的胜利品给爸爸看看，待会也让你妈妈高兴高兴。"

"我说不过你"
——能说会道，更要以理服人

在新学期开始后不久，学校的各种兴趣班就开始报名了。彤彤很喜欢唱歌跳舞，这个学期想报一个声乐班一个舞蹈班，所以趁着晚上在家的时间她便想跟妈妈商量一下。

"妈，学校的兴趣班开始报名了，我今年想……"

"对的，兴趣班是应该去上的，那你报什么班好呢？要不，咱们先去学习书法吧，书法是中国的国粹，有很深的文化底蕴，而且，字写漂亮了，考试的时候还能加分。"还没等彤彤说完，妈妈就提出了自己的见解。

见彤彤没有吭声，妈妈紧接着又说："要不去学绘画也行，女孩子静静地坐在那里画画，能培养良好的气质，也能锻炼人的耐心和毅力。"

"嗯,妈妈……"彤彤刚准备开口说话,妈妈又开口了:"要不去报个钢琴班、小提琴班,学学乐器能陶冶情操,说不定还可以挖掘你的潜能,将来当个大艺术家。好,就这样定了吧。"

妈妈始终在滔滔不绝地说着,彤彤的嘴巴没有妈妈的快,怎么也插不上话,而妈妈似乎总也猜不到自己的心思,因此她觉得非常郁闷,一气之下,她转身走进了自己的房间。

>>> 有话要说

生活中,很多父母都比较能说,这些父母在教育孩子或是发表自己的意见时通常是滔滔不绝,无所顾忌地说,心里想到什么就说什么,丝毫不懂得观察孩子的表情,也不能顾及孩子内心的感受,结果,父母虽然说得很多,但没有几句能说到孩子的心里去的。也许在这些父母看来,持续不断地对孩子说话并给孩子以建议,是在表达对孩子的关心和爱护,可对于孩子而言,在能说会道的父母面前,常常会感到一种无形的压力,尤其是那些性格内向、表达能力不怎么强的孩子,常常会觉得父母过于强势实际上压抑了自己表达和交流的欲望,也是父母强权和不尊重自己的表现,这样下去,必然会破坏亲子之间的正常沟通和交流,影响和谐亲子关系的建立。

在家庭教育中父母应该记住的一条重要告诫就是:说得多并不等于说得对、说得好,与其能说会道,不如以理服人,真正把话说到孩子心里。随着孩子年龄的增长,自主意识不断增强,在很多事情上都有自己的见解和主张,一些正处于青春期的孩子甚至开始挑战父母的权威，争取自己权利，出现了"不听话"的现象，此时，父母在教育孩子和孩子进行沟通和交流的时候，重要的不是说了多少话，讲了多少大道理，而是要把话说到孩子的心里去，要以理服人，让孩子信服并自愿遵从。

一个聪明的家长，想要教育好孩子，并不见得一定要有一口伶牙俐齿，但肯定需要一个智慧的头脑，不仅要给孩子讲道理，更重要的是学会把话说到孩子的心里去。在生活中，父母可以在如下的一些方面加以注意：首先，父母应该懂得关心和理解孩子，能够多为孩子着想，多站在孩子的角度思考问题；其次，父母在教育孩子时，需要审视一下自己的要求是否合理，如果不合理，则需要及时改变；再次，父母应该多给孩子说话和争辩的机会，当孩子表达意愿时最好能耐心倾听，当孩子有理的时候，要听从孩子的意见。

能说会道固然好，但最重要的还是谈话的效果，唯有拿出尊重和理解，学会以理服人，父母才能轻松地教育好孩子，这是每个父母都应该掌握的教育智慧。

>>> **语言演练场**

夏琳是一个性格有些内向的小女孩，今年刚读小学五年级，她在学习上算得上是比较认真的，平时话也不太多，闲暇的时候就喜欢看看书、看看电视什么的，尤其喜欢看少儿娱乐节目。每天放学回家，她总会先打开电视看上半个小时，然后再自觉地回房间做作业。一天，她正在看电视的时候，妈妈下班回来了。

"你怎么在看电视,赶紧写作业去。"

"我想先看少儿节目再写作业。"

面对这种场景,你可能会这么对孩子说:

✗ "难道以前你每天放学后都是先看电视再回房写作业的?父母辛辛苦苦地工作挣钱供你读书,你怎么能这么不思进取呢?你已经不小了,一定要好好听话啊,要不然你以后怎么办?这样下去肯定没前途了。"

会"说话"的父母这样说:

✓ "嗯,今天你可以先看完这期节目,但要记得待会马上去写作业。父母工作忙,没有多少时间好好管你,这更需要你自觉学习。平时养成良好的学习习惯,能合理安排自己的课余时间,对你也是一种锻炼。"

"就没发现你有优点"
——说话片面的父母应该多反省

"早就跟你说要好好学习,在学校要遵守纪律,要表现好点,你总是不服管教,害得我每次家长会都出丑。"小名的爸爸刚开完家长会,在路上就忍不住地数落起自己的孩子来。

"可是,我又不是故意的,老师讲课我经常听不懂,而且班里那些调皮的同学总是喜欢来招惹我……"

"唉，我怎么会摊上你这么个一无是处的孩子呢？学习不好，又很懒惰，不爱劳动，让你做的事情没有一件能做得满意的，还经常惹祸，为了你，我不知赔了多少次笑脸，挨了多少次批评？"还没等小名说完，爸爸又继续开始数落起他的缺点来。

尽管小名心中还很不服气，也十分想为自己辩解一下，但他始终忍着，只是低着头默默地听着，因为他知道只要自己开口，又会招来"还喜欢和父母顶嘴"的数落。而且，由于经常被爸爸这样数落，小名已经习惯了，他觉得在爸爸的眼里，自己就是个"一无是处"的人，也就因此放弃了努力改变的想法，总是破罐子破摔。

>>> **有话要说**

在生活中，像小名父亲一样的父母并不少见，由于对孩子抱有太高的期望，或是孩子的表现的确不尽如人意，他们在"恨铁不成钢"情绪的作用下，就有可能看不到孩子的优点，满脑子都是孩子的缺点，并对孩子的这些不足表现出非常不满的情绪，从而片面地认为自家的孩子没有什么优点。

父母只看到孩子的缺点，而忽视孩子优点的做法对于教育孩子改正缺点、不断进步是丝毫没有好处的，相反还会毁掉孩子的自信，浇灭孩子的热情，让孩子变得越来越糟。想要帮助孩子全面发展，不断进步，父母应该先抛掉自己看问题和说话片面的毛病，学会正确地看待孩子，只有父母先端正态度，树立正确的观念，才不至于使得教育偏离正确的方向。这点上，父母起码应该做到以下两点：

首先，父母应该知道，每个人都有优点和缺点，都会犯这样那样的错误，更何况是孩子了，所以，在孩子成长的过程中，犯错是不可避免的，甚至可以说，正是在不断犯错、不断改正的过程中，孩子才能逐渐成长。身为父母，应该正确地对待孩子在不同成长阶段表现出来的缺点，对孩子做出准确而全面的评价，引导孩子不断改进，不断走向成熟，而不能以片面的言论打击孩子的自信。

其次，对待缺点较多的孩子，父母应该给予更多的关心和爱护，更要悉心教育、积极引导。比如，父母在意识到孩子缺点的前提下，可以多想想孩子的优点，在批评孩子时也不忘及时对其良好的表现进行表扬和鼓励；父母需要对孩子进行全面而合理的评价，要学会管好自己的嘴巴，切忌说"你根本就没有优点""你彻底没救了"之类严重伤害孩子感情的话语。

学会正确地看待和评估孩子的行为是保证父母与孩子之间沟通顺畅的前提，那些平时总习惯于戴着有色眼镜看孩子，喜欢主观臆断、说话片面的父母的确应该多检讨和反思自己的行为，并且及时改正。

>>> **语言演练场**

"妈妈，我不想上学了。"一天放学后，小方对妈妈说。

"为什么这样说呢？你以前不是觉得上学很有意思的吗？"听到刚才小方的话，妈妈有些诧异。

"老师、同学都不喜欢我，尤其是数学老师，经常批评我，今天还说我真是笨到家了,什么优点都没有,课后同学们都因为这个笑话我,我很伤心。""而且,上次我做错事情的时候,你也跟我说,我是个没用的孩子,既然这样,我为什么还要上学?"

面对这种场景,你可能会这么对孩子说:

✗ "谁叫你的表现那么差了呢?如果表现得好点,谁会那么说你?"

会"说话"的父母这样说:

✓ "其实老师和妈妈上次说你'没有用处'的说法是错误的,我们都应该反省。尽管你身上还有很多不足,但总体来说还是个好孩子,如果你能好好发现自身的闪光点,并改正缺点,肯定会受到大家欢迎的。"

"为了你,我牺牲了多少"
——别总把对孩子的付出放嘴上

"每次都把我的话当成耳旁风,这些年来为了给你创造良好的物质条件,我和你爸爸每天辛辛苦苦地工作,有什么好的东西都留给你,你怎么还这么不思进取呢?"在听完家长会上老师对小明学习表现的总结后,小明的妈妈再也忍不住了,刚进家门就大声地训斥小明道。

"我,其实我已经尽力了,平时也没怎么偷懒,可那天考试的时候我感冒头疼,所以没考好……"

"还在找借口,要是你好好学怎么会这样,你就是不争气,只顾着玩。我真是命苦啊,为了你,我不知牺牲了多少,在你小的时候,为了照顾好你,我连工作都辞了;为了能让你进入好的小学、中学读书,我和你爸爸不知费了多少苦心……"妈妈絮絮叨叨地一直说个不停。其实这些话小明已经听过很多次了,刚开始时他总会觉得父母很伟大,可久而久之,这些话他都听腻了。而且,他觉得妈妈在自己失败时总是絮叨着自己的付出与牺牲,却不想想别人的感受和付出,实在是不应该。

>>> 有话要说

一切为了孩子,只要孩子过得安逸幸福,自己付出多少都无所谓,这是很多父母都抱有的想法,同时,为了让孩子理解自己的苦心,明白父母付出的价值,一些父母常常会把自己多年来的牺牲挂在嘴边。然而,在现实生活中,父母无止境地付出真的就能让孩子生活得好了吗?其实未必,或许还有可能适得其反。

可怜天下父母心,谁不希望自己的孩子生活得好呢?许多父母省吃俭用,把所有的钱都存下来用于儿女的教育、成长投资等。可是,父母为了子女牺牲一切的做法却未必能得到子女的理解和认同,父母常将付出挂在嘴边的做法也常常引起孩子的反感,这其实是因为父母的付出与对孩子的期望是不能等同的。

教育家马卡连柯说:"一切都给孩子,牺牲一切,甚至牺牲自己的幸福,这是父母给孩子的最可怕的礼物。"的确,多为孩子付出可以为孩子创造良好的生活环境和学习环境，但是无条件地付出和总把付出挂嘴边的做法却是很不恰当的，无条件地付出会让孩子觉得父母的付出是"理所当然"的，从而将父母的艰辛和牺牲全不放在心上；总诉说自己的付出会让孩子觉得自己的付出是要求回报的，这不仅与父母之爱的本质是相悖的，而且说多了还会给孩子造成心理压力。另外，父母也希望孩子明白自己的苦心，也会因为孩子的不解而感到压抑和遗憾，这样当父母的付出与孩子的表现出现了较大落差时，也会给父母的心理和情绪造成不良的影响。

在教育孩子的过程中，父母应该全方位、多角度地进行培养，不仅要关心孩子的成长环境，更应该关注孩子内心精神家园的建设，给孩子的心灵以阳光。

首先，父母要成为孩子人生的引导者和生活的榜样，要鼓励孩子自主成才。要知道，无条件地为孩子付出，给孩子足够的经济支持，不见得就是为孩子成才上了"保险"，孩子成才的关键还是要靠自己，因而，父母为孩子付出需要有限度、有针对性。

其次，父母需要用自身价值鼓舞孩子、以自己的行为激励孩子，而不是总停留于说教。父母应该有自己的人生目标和价值观，并为此而不懈努力，在关怀孩子的同时也不忽视自己的事业和进步，这才是给孩子最好的榜样。

孩子都是在模仿中成长的，如果父母想要帮助孩子更好更健康地成长就应该掌握好付出的"度"，要注重榜样的建立和心灵的引导，而不能以为什么都只是挂在嘴边就可以了。

>>> **语言演练场**

小艾的妈妈是市里一所学校的语文老师，不久前她本来可以得到一次出国学习深造的机会，可当时小艾正处于小学升初中的关键时期，为了能照顾小艾的学习和生活，妈妈毅然放弃了这次事业发展的良好机会，虽然妈妈也觉得有些遗憾，但想想孩子，她还是很知足的，可小艾并不理解妈妈的苦心，觉得妈妈是想一直留在家中监督自己。

"小艾，你在学校要好好学习，不要总是惦记着玩。"每天上学之前妈妈总要这样交代小艾。

"小艾，别忘了写作业，先复习好功课再出去玩吧。"妈妈回到家常常会这样叮咛小艾。

"妈妈，您真烦，每天都要把学习挂在嘴边，我自己有分寸的。早知道您这样，当初还不如直接找你们领导，一定要让您出国呢！"

面对这种场景，你可能会这么对孩子说：

✗ "你这孩子，怎么能这么说话呢，妈妈还不是为了你。这些年来，为了你，我不知牺牲了多少！"

会"说话"的父母这样说：

✓ "妈妈每天叮嘱你也是为了让你不忘学习啊，虽然是有点啰嗦了。当初妈妈选择留在家里还不是因为舍不得你，想看着你一天天成长吗？我的乖女儿，你健康成长，妈妈就很开心了。"